赤眉绿林起义

◎◎ 主编 金开诚

◎ 编著 孙闻铎

吉林出版集团有限责任公司

吉林文史出版社

图书在版编目（CIP）数据

赤眉绿林起义 / 孙闻铎编著 . 一长春：吉林出版
集团有限责任公司：吉林文史出版社，2010.11（2022.1重印）
ISBN 978-7-5463-4087-6

Ⅰ. ①赤… Ⅱ. ①孙… Ⅲ. ①绿林赤眉起义战争 – 通
俗读物 Ⅳ. ① K234.101-49

中国版本图书馆 CIP 数据核字（2010）第 222311 号

赤眉绿林起义

CHIMEI LULIN QIYI

主编/ 金开诚 编著/孙闻铎

项目负责/崔博华 责任编辑/崔博华 邱 荷

责任校对/邱 荷 装帧设计/柳甬泽 张红霞

出版发行/吉林文史出版社 吉林出版集团有限责任公司

地址/长春市人民大街4646号 邮编/130021

电话/0431-86037503 传真/0431-86037589

印刷 / 三河市金兆印刷装订有限公司

版次/2010 年 11 月第 1 版 2022 年 1 月第 5 次印刷

开本/650mm×960mm 1/16

印张/9 字数/30千

书号/ISBN 978-7-5463-4087-6

定价/34.80元

前　言

　　文化是一种社会现象，是人类物质文明和精神文明有机融合的产物；同时又是一种历史现象，是社会的历史沉积。当今世界，随着经济全球化进程的加快，人们也越来越重视本民族的文化。我们只有加强对本民族文化的继承和创新，才能更好地弘扬民族精神，增强民族凝聚力。历史经验告诉我们，任何一个民族要想屹立于世界民族之林，必须具有自尊、自信、自强的民族意识。文化是维系一个民族生存和发展的强大动力。一个民族的存在依赖文化，文化的解体就是一个民族的消亡。

　　随着我国综合国力的日益强大，广大民众对重塑民族自尊心和自豪感的愿望日益迫切。作为民族大家庭中的一员，将源远流长、博大精深的中国文化继承并传播给广大群众，特别是青年一代，是我们出版人义不容辞的责任。

　　本套丛书是由吉林文史出版社和吉林出版集团有限责任公司组织国内知名专家学者编写的一套旨在传播中华五千年优秀传统文化，提高全民文化修养的大型知识读本。该书在深入挖掘和整理中华优秀传统文化成果的同时，结合社会发展，注入了时代精神。书中优美生动的文字、简明通俗的语言、图文并茂的形式，把中国文化中的物态文化、制度文化、行为文化、精神文化等知识要点全面展示给读者。点点滴滴的文化知识仿佛颗颗繁星，组成了灿烂辉煌的中国文化的天穹。

　　希望本书能为弘扬中华五千年优秀传统文化、增强各民族团结、构建社会主义和谐社会尽一份绵薄之力，也坚信我们的中华民族一定能够早日实现伟大复兴！

目录

一、时代背景

（一）王莽篡位

王莽字巨君，出生于魏郡元城王氏家族，是元帝皇后王政君弟弟王曼的儿子。成帝时，王莽的祖父王禁和伯父王凤、叔父王谭、王崇、王商、王立、王根、王逢时等人均封侯，只有王曼因为早死，没有被封侯。

王莽的同族兄弟依仗权势，行为奢侈，横行不法。王莽自幼节俭，没有堂兄弟的那种习气。他努力学习，曾以名儒沛郡陈参为师研习《礼经》。他对母亲恪尽孝道，对寡嫂孤侄尽心照料。在地位尊显的叔伯父面前，他礼貌有加，颇能得到他们的欢心。伯父王凤病重之时，他更是亲自煎汤尝药，一个多月衣不解带。王凤深为他的孝行感动，临死前再三嘱咐成帝和妹妹王政君，一定要好好关照王莽。王莽因此被征为黄门郎，开始了他的仕宦生涯。

王莽多方争取人心，赢得了很高的声誉，任黄门郎不久，即升为射声校尉。当时的名士戴崇、金涉、陈汤等人不断在成帝面前称赞王莽。于是成帝在永始元年（公元前 16 年）封王莽为新都侯，官职升迁为骑都尉光禄大夫侍中。职位越高，王莽越是严于律己，谦恭待士，常用自己的车马衣服赈济宾客，

弄得家中没有余钱。朝野人士都为他的行为所感动，争相为他作宣传。他的声望越来越高，连叔父们也自叹不如了。

王莽在政治斗争中很有权谋。他的姑表兄淳于长发迹较早，官居九卿，地位和权势均在他之上，又深受成帝和元后宠信。王莽认定这是一个必须除掉的竞争对手。他不动声色，暗地里搜集淳于长的过失，待到积累了足以置其于死地的罪状后，通过叔父王根，上奏成帝。

淳于长被诛身死。王莽此举既除掉了威胁自己地位的对手，又获取了忠于职守、不徇私情的名声。此后，辅政的王根请求退休，推荐王莽代替自己。38岁的王莽于绥和元年（公元前8年）拜大司马、大将军，成为王凤、王音、王商、王根诸叔伯之后王氏家族的第五位辅政者。

王莽辅政一年，成帝去世。哀帝即位后重用自己的外家傅氏和了氏家族。王莽在政治上暂时受挫，被罢免家居。但他并不甘于失败，随时在等待时机，重握权柄。在野期间，他抓住一切机会，扩大自己的影响。三年间有上

百名官员上书为他鸣冤叫屈。哀帝
寿命不长，执政六年后即病死。王
政君以元帝皇后的身份出面收拾残局，
她于哀帝死去的当日就驾临未央宫，收
取了象征权力的传国玉玺，遣使者急
速召王莽进宫，下诏把军政大
权全都交付于王莽。王莽掌
权后马上罢免了辅政的哀
帝宠臣董贤，迫使他自杀，
自己则取而代之，重居大司
马之位。哀帝无子嗣，他与王
太后商议立了9岁的中山王刘衎做皇
帝，由王太后临朝称制，实权则由王
莽执掌。有了上次失败的教训后，王莽
重握权柄伊始，就开始打击异己，培植
亲信。为避免与王太后争权，他废掉了
成帝赵皇后和哀帝傅皇后，迫使她们自
杀。"诸哀帝外戚及大臣居位素所不悦者，
莽皆傅致其罪……于是前将军何武、后
将军公孙禄坐互相举免，丁、傅及董贤

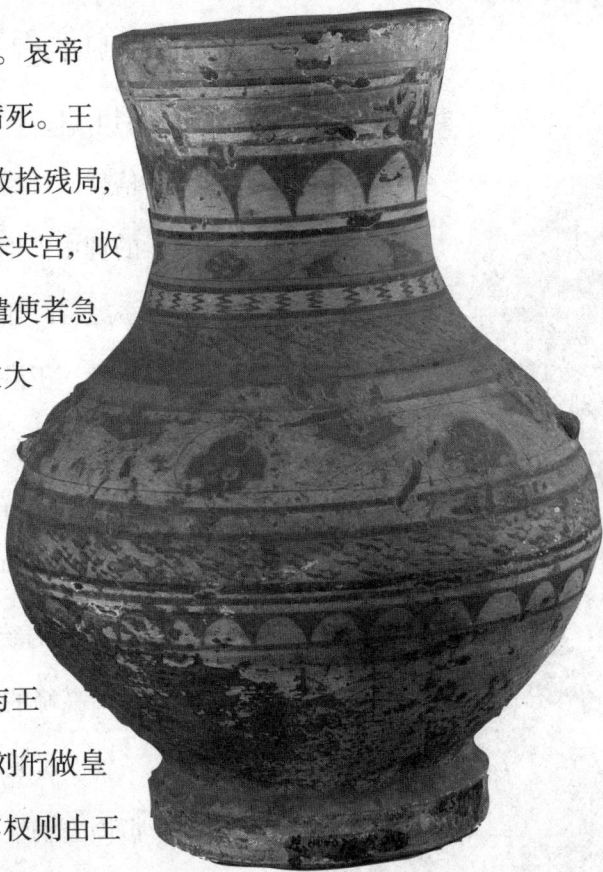

亲属皆免官爵，徙远方"。就连已免官家居的自己叔叔王立，也恐怕他得到太后信任，妨碍自己的行动，而用冠冕堂皇的理由，把他放逐到封国之中。经过一番经营，"于是附顺者拔擢，忤恨者诛灭。王舜、王邑为腹心，甄丰、甄邯主击断，平晏领机事，刘歆典文章，孙建为爪牙"。另外，"丰子寻、歆子棻，涿郡崔发、南阳陈崇皆以才能幸于莽"。在建立起盘根错节的统治网络后，王莽开始了向权力最高峰的进军。

王莽自幼熟读儒家典籍，他有意模拟周公辅佐成王的故事。相传周公摄政，曾感动得越裳氏千里迢迢来献白雉。王莽示意塞外的少数民族也自称越裳氏来献白雉。因此，王莽的党羽就宣扬，这是他德政所招致的符瑞，与周公摄政致白雉之瑞有千载同符之效，从而把王莽推上了安汉公的宝座。

为了巩固地位，王莽又让自己的女儿选为皇后。按照古礼，后父应有百里封地。王莽之女既立为后，就有人请求以新野田地二万五千余顷益封王莽，以达百里之数。王莽假作推辞。这一下，据说感动得天下吏民近五十万人上书，要求加赏王莽。在有计划的舆论制造下，王莽成了一代圣人。于是，王莽的得力干将王舜等人建议把古时伊尹的阿衡和周公的太宰称号合并为宰衡，作为王莽的称号，以表示王莽兼有这两位圣贤的功德。元始四年（公元4年），王太后下诏宣封王莽为宰衡，其母赐号功显君，二子封列侯。王莽的政治地位又进一步上升了。

　　元帝以来，兴复儒家典章制度成为习尚。王莽为点缀文治，粉饰升平，于元始四年按照书中记载的古代礼治模式建立起明堂、辟雍、灵台，并网罗天下学者异能之士居于长安，讲论儒家经典，造成一派王道复归、制度隆盛的气象。一帮御用文人因此又大肆颂扬王莽的功德，提出用古书中所载"加九锡"的办法来显示这位当代周公的荣耀。所谓九锡就是在服饰、车马、仪卫诸方面都采用与帝王相仿的标准，以示地位仅次于帝王，高出诸侯王之上。这一建议，得到王太后批准。于是王莽的威权、气派都已经侔于人主了。

　　在西汉晚期天人感应学说盛行之

时，王莽深知只有上得天佑、下得民心的符瑞出现，才能给自己的执政找到合理的依据。于是在他辅政的五年之间出现了很多瑞兆，龙、麟、凤、嘉禾、甘露、醴泉等祯祥瑞异多得数不清。王莽还示意周边少数民族各自献上瑞物以示悦德归服之意。他又派出陈崇等十二个使者巡行天下以察风俗，之后，他们带回了三万余言赞颂王莽功德的谣谚。在所谓天命人心都倾向于王莽的情况下，已长到 14 岁的平帝就不能不于公元 5 年驾崩了。为了不至于给篡权造成影响，王莽选了一个 2 岁的皇室婴儿做皇位的继承人。

王莽篡位的野心愈加明显，党羽们为把他推上权力顶峰又紧张地忙碌起来。他们假造一块白色石头，说是汲井时所得，上

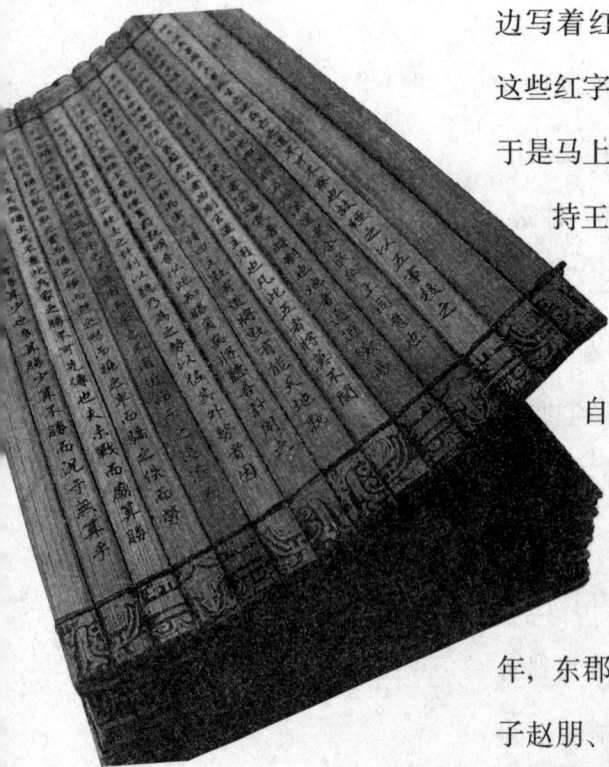

边写着红字："告安汉公王莽为皇帝。"这些红字当然是天意了，王莽怎敢违抗，于是马上让王舜到王太后那里，表示支持王莽登基为帝。公元6年，王莽做了假皇帝，年号居摄。

对于王莽的所作所为，自然有一些汉家宗室和忠于汉室的人起来反对。居摄元年，汉家宗室安众侯刘崇与其相张绍在南阳起兵讨伐王莽。次年，东郡太守翟义又兴兵讨莽，槐里男子赵朋、霍鸿等人起而响应，队伍发展到十几万人。王莽费了很大力气才把翟义等人镇压下去。

在灭了翟义后，王莽加紧了篡窃的步伐。就在这个时候，梓潼文人哀章作了个铜匦，匦里的两个书签上分别署着"天帝行玺金匮图""赤帝行玺某传予黄帝金策书"。这里的某就是汉高祖刘邦，意谓刘邦顺应天命，要把江山让于王莽。

书签内写明，王莽应当做真皇帝，王舜、平晏、刘歆等为王莽篡汉立下汗马功劳的大臣及哀章自己和王兴、王盛等十一个人是王莽的辅佐。哀章在黄昏时分，穿着黄色的衣服，献上了这个精心制造的宝贝。王莽得知后，大喜。第二天一大早，就戴上皇冠去见王太后，向她宣布："我不能不顺从天意去做真皇帝了，现在我已决定改国号为新，从十二月朔癸酉这一天起，天下就是新朝的了。"到了即位这天，王莽哭哭啼啼地把小皇帝拉下宝座，自己登上了垂涎已久的帝位。

王莽利用汉政权腐败衰朽，失去人心之机，用虚

伪狡诈的手段捞取政治资本，欺骗天下
吏民，实现了做帝王的梦想。王莽的统
治没有使社会衰微破败的局面有所改善，
相反却把政治经济秩序搞得更加混乱。
当初对他寄予厚望的善良民众不会想到，
正是这个"再世周公"，把他们推入了更
深的苦海。

（二）托古改制

为了解决西汉社会遗留下来的各种
矛盾，篡权的外戚王莽附会《周礼》托
古改制，进行了社会各方面的经济改革。

在政治制度方面，王莽把中央和地

方的官名、官制、郡县名和行政区划都加以改变，还恢复五等爵，滥加封赏。官吏俸禄无着，便想方设法扰民。王莽篡汉后，试图按照古籍中所记各种制度，改变汉制，以为这样可使天下大治。经济改制是王莽改制的重点，他用复井田的办法来解决土地问题。始建国元年（公元9年），他发布了实行王田的诏书，诏书中论述了秦汉时期土地政策的不当以及由此引发的一系列严重问题。诏书说："秦为无道、厚赋税以自供奉、罢民力以极欲，坏圣制，废井田，是以兼并起，贪鄙生，强者规田以千数，弱者冒无立锥之居。又置奴婢之市与牛马同栏，制于民臣，专断其命。奸虐之人因缘为利，至略卖人妻子，逆天心，悖人伦，缪于'天地之性人为贵'之义……

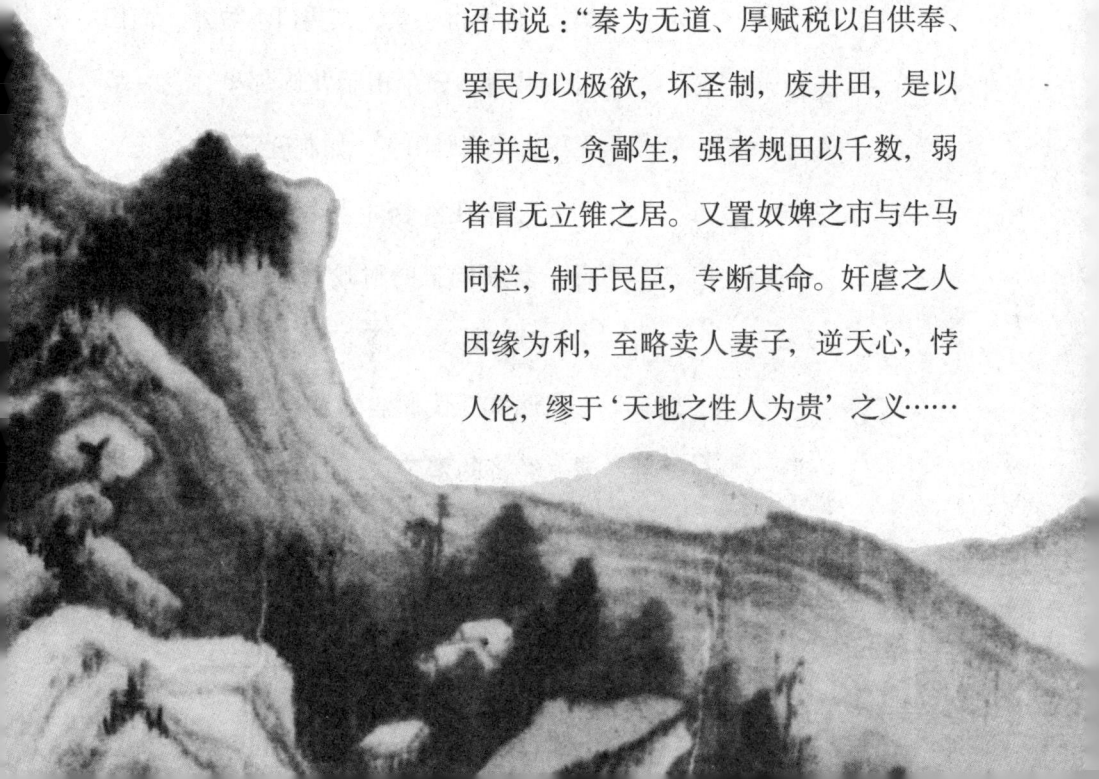

汉氏减轻田租，三十而税一，常有更赋，罢癃咸出，而豪民侵陵，分田劫假。厥名三十税一，实什税五也。父子夫妇终年耕耘，所得不足以自存。故富者犬马余菽粟，骄而为邪；贫者不厌糟糠，穷而为奸。俱陷于辜，刑用不错。"诏书指出，这些都是背离了"古者，设庐井八家，一夫一妇田百亩，什一而税，则国强民富而颂声作"的美好制度的结果。诏书宣布："今更名天下田曰'王田'，奴婢曰'私属'，皆不得买卖，其男口不盈八，而田过一井者，分余田予九族邻里乡党。故无田，今当受田者，如制度。"

王莽在经济上另一重要改制是实行一套新的工商财政管理办法，即"五均""赊贷""六筦"。

西汉一代商业的发达，对生产的发展、经济的繁荣、社会的进步都起过积极的作用。但是商人势力的发展也会产生与官府争利和居间盘剥农民及小手工业者的弊病。在社会衰败，政府财政困难，民众又无力承受商品在流通过程中的过分增值之时，这种弊病表现得尤为明显。面对残破的社会经济，王莽在刘歆等人的建议下，实行国家的工商统制政策。他于始建国二年（公元 10 年）命令在商业比较发达的长安以及洛阳、邯郸、临淄、宛、成都等五大城市设立五均官，由他们对商品经营和物价进行管理。五均官的职责是：一、用成本价格收购滞销的五谷、布帛、丝绵等日用商品，保护生产者不受损失。二、各市在每季度中月根据质量对商品定出上、中、下三种标准价格。如果商人售货超出市平均价格，就以平价强制抛售。如果物价低廉，则听其买卖，以防止囤积居

奇，牟取暴利。五均官还负责农民、小生产者的赊贷事务。百姓急需生活用钱，可借与工商之税；定期偿还，不取利息。百姓如果借款兴办产业，收取一成以下的利息。这就是"五均""赊贷"。王莽又采纳鲁匡的建议，实行"六筦"，即由国家对酒、盐、铁、名山大泽、五均赊贷以及铁布铜冶等工商事业实行统一管理。对于六筦的意义，王莽是这样阐述的："夫盐，食肴之将；酒，百药之长，嘉会之好；铁，田农之本；名山大泽，饶衍之臧；五均赊贷，百姓所取平，卬以取澹；铁布铜冶，通行有无，备民用也。此六者，非编户齐民所能家作，必卬于市，虽贵数倍，不得不买。豪民富贾，即要贫弱。先圣知其然也，故斡之。"为了保证这一措施顺利施行，他"设科条

防禁，犯者罪至
死"。王莽的改制，由于
违背经济规律，脱离社
会实际，以及商人、
地主、官吏的
联合破坏等原
因而彻底失败。

在封建社会里试图恢复古代土地公
有的井田制度，是十足的梦想。在土地
兼并已成为不可扭转的历史趋势之时，
王莽想从大土地占有者手中收回土地，
无异虎口拔牙。"王田令"在实施中受到
顽强的抵制。由地主阶级成员构成，又
为地主阶级服务的官府也无法把这一法
令真正贯彻下去。结果是大地主纷纷采
取各种对策，各级官吏又乘机大谋私利，
致使原来就很严重的土地问题陷入更混
乱的状态。无地农民根本得不到应有的
土地，反而在土地公私倒手的乱局中弄
得两手空空，衣食无着。中郎区博看出

这一政策实在无法实行，上疏劝谏王莽说："井田虽圣王法，其废久矣。周道既衰，而民不从。秦知顺民之心，可以获大利也，故灭庐井而置阡陌，遂王诸夏，迄今海内未厌其敝。今欲违民心，追复千载绝迹，虽尧舜复起，而无百年之渐，弗能行也。天下初定，万民新附，诚未可施行。"在天下汹汹，民怨沸腾的现实面前，王莽只得下诏："诸名食王田，皆得卖之，勿拘以法。犯私买卖庶人者，且一切勿治。"宣告了王田法的破产。

对于税收、物价以及工商事业进行统一管理，这种设想不应简单否定。但在腐败的社会中，执法的官吏本身就是贪污中饱的社会蠹虫，根本无法想象他们会忠于职守，为民造福。更失策的是，

王莽在无任何有效手段进行监督的情况下，竟效法汉武帝以富商大贾为兴利之臣的做法，起用姓伟、张长叔、薛子仲等老奸巨猾之人主持五均六筦之事，这等于授予了他们鱼肉百姓的合法权利。他们和地方官相勾结，"乘传求利，交错天下"。利用经济特权谋取更大的私利，把五均六筦作为盘剥百姓的科条，以各种手段敲诈勒索百姓。这些本意是通过限制大工商业者使国家与百姓获利的措施，反倒成了摧残与勒索人民的酷政，造成了"百姓愈困""众庶各不安生"的严重后果。

而在王莽改制中最愚蠢的，就是他对于币制的改革。王莽在即位前后曾经数次改变货币的形式，弄得多种货币混杂不清。最混乱的时候一次规定货币种类达五物、六名、二十八品之多。五物即金、银、铜、龟、贝五种币材；六名是金、银、龟、贝、钱、布六种货币的名称，而这六种货币又按币值分出钱币五品、布币十品共二十八品。他随心所欲地频繁更换，使币值无法固定、币种比价不合理，因此每一次币制改变亦都增加社会经济的紊乱。当时民间习惯使用通行已久的五铢钱，私下里往往把名

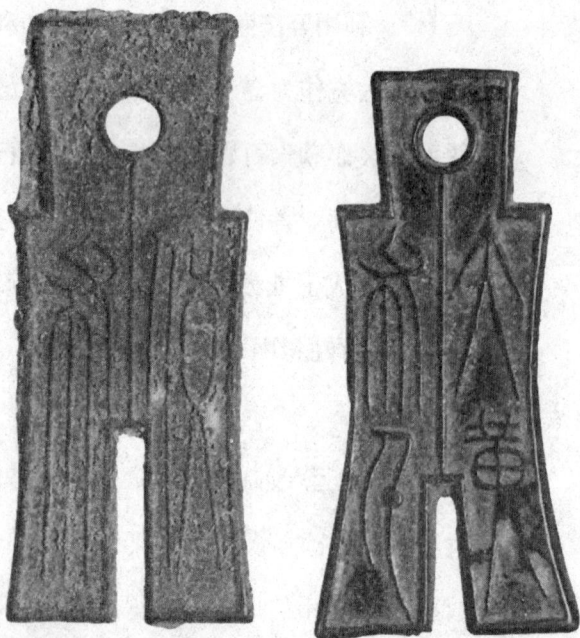

目繁多、无法记清的新市放置一边，仍用五铢钱交易。王莽得知后，严格规定："敢非井田挟五铢钱者为惑众，投诸四裔以御魑魅。"

王莽勇于改革创新，却又十分固执。他执行经济政策有难以动摇的决心。对于违抗者，他规定了严厉的制裁办法。他的法令根本不合理，却又异常严厉苛刻，"于是农商失业，食货俱废，民涕泣于市道。坐买卖田宅奴婢铸钱抵罪者，自公卿大夫至庶人，不可称数"。后来眼见以此罹刑者实在太多，王莽不得不减轻处罚办法。可是触刑的人仍有增无减，地方上按照新的刑法把十余万犯人用槛车铁锁押解到长安来做苦工，因不堪忍受虐待而死于非命者多达半数以上。

王莽建立新朝后，根据《周礼》的记载，不仅对官府的各个机构进行了一系列调整，还把官职名称都改成了经典

上有记载的名字。为了全盘恢复周代典章制度，他以《周礼》为依据，不惜费时费力重新调整规划地方行政区域，同时更改郡县及长官的名称。他天真地认为这样一来，周政就可以重现，其文、武之业也能安然成就了。谁知事与愿违，这样的结果只能将朝廷和地方的行政制度搞得一塌糊涂，此外毫无裨益。朝廷组织机构的变化和郡县的一再分割，又使得官员的数量大大增加，行政效率更为降低。频繁更改的地名也在实际生活中造成了混乱，人们根本无法记住朝令夕改的地名，就连政府公告也不得不在新地名上加注原来的地名。这样的行政制度变革，除了烦政扰民之外，没有产生任何的积极作用。没有从王莽托古改制中看到周代王政复归的百姓，看到的只是地方官走马灯似的更换和郡县地域变戏法似的来回拼拆。

为了显示新朝在统治规模上远远超

过之前历代王朝，王莽下令把对四方少数民族首领原来封的诸王称号一律改称为侯。他还派出五威将王奇等人兵分五路出发，向周边各地方政权宣讲新朝得天下的诸种符命，以及他执政的威德。"五威将乘乾文车，驾坤六马，背负鸟之毛，服饰甚伟"，浩浩荡荡地向边境进发。他们傲慢的态度引起了边疆民众的不满及抵触。贬低封号和用阴谋手段调换少数民族政权首领印绶的做法，激起了匈奴、西域、辽东各地方政权的反抗。这就使西汉皇朝及周边各族用长久努力才换来的和睦关系很快恶化。面对少数民族的不满，狂妄自大的王莽采取的强硬压服手段，更加激起了旷日持久的民族战争。他派孙建等十二员大将，十道并出征伐匈奴。并遣严尤征

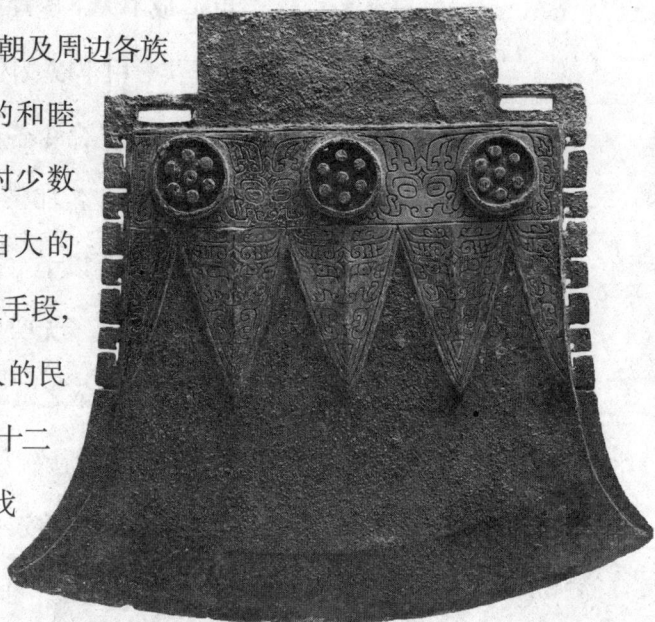

高句丽、秽貊，派冯茂击句町及其他西南民族，派王骏击西域。征伐句町政权的战争，前后进行数年，士兵死伤上万人，消耗粮谷军费不计其数。对匈奴的战争更造成了天下虚耗的严重后果。他派出由丁男、甲卒以及囚徒组成的三十万大军远征匈奴，命令各郡筹措运送粮食、军械等物资。各郡每年运往西北前线的钱谷都达百万以上。战争吞噬掉无数人的生命，消耗了无穷的国家财富。更有不法将士借战争之机敲诈欺凌百姓。

王莽的新政搞得天下骚动，引起社会混乱，四邻不安，民不聊生，国无宁日。在他的新政下，"民摇手触禁，不得耕桑，徭役烦剧，而枯旱蝗虫相因。又因制作未定，上自公侯，下至小吏，皆不得俸禄，而私赋敛，货赂上流，狱讼不决。吏用苛暴立威，旁缘莽禁，侵刻小民。富者不得自保，贫者无以自存，起为盗贼。依阻山泽，吏不能禽而覆蔽之，浸淫日广。于是青、徐、荆楚之地往往万数。战斗死亡，缘边四夷所系虏，陷罪，饥疫，人相食。及莽未诛，而天下户口减半矣"。在衰败的西汉政权中对王莽抱有很大期望的天下民众彻底失望了，促使农民起义和西汉宗室旧臣反对新朝的斗争不断发生。他们在走投无路的情况下别无选择，只有用武装斗争来争取自己的生存权利。而从此以后，各地的起义军便开始了推翻王莽政权的征程。

二、赤眉绿林
起义兴起

由于外戚王莽篡权上台后实行的一系列不成功的改革，导致了西汉末年社会的动荡不安，终于引起了累积已久的社会矛盾的全面爆发。而在当时外交关系的处理上，王莽也表现出了浓郁的书呆子气。公元九年，新莽政权同匈奴等多个少数民族爆发冲突，而起因恰恰就是王莽强行规定将这些原本地位相当于"诸侯王"的各少数民族部落首领降级为"侯"。公元10年，王莽愈加突发奇想，变本加厉，想要将匈奴单于改名为"降奴服于"，这样一来，不但在口头上占尽对方便宜，还要变本加厉发兵三十几万征讨匈奴。而在东北地区，新莽政权还诱降并杀害了高句丽侯，并将其国名改为"下句丽"。一时之间，王莽新朝便在东西南北四面开火，这样的状况持续了近十年之久后，使得新莽政权下的社会经济由于王莽的屯兵四境，再加上连年的征战不休而处于濒临崩溃的状态。明清之际大思想家王夫之曾对这一阶段有过如此评价，"莽之招乱，自伐匈奴始，欺天罔人，而疲敝中国，祸必于此而发。"而这样的局面又同当时秦朝末年岌岌可危的局势如出一辙，社会矛盾一触即发，形势异常危急。

公元 14 年，"沿边大饥，人相食"。当灾荒和疾疫迅速由边境向中原内地蔓延时，王莽还在倾尽全力醉心于其源自《周礼》大同世界的建设之中，这确实不能不

令人感到既好笑又可气，国家已经处于危亡的警戒线，君主竟然毫无察觉，还在为老祖宗歌功颂德，修建极其华美壮丽的九庙。当然王莽也并非完全无视灾民的惨状，他还是采取了一些措施想要救助灾民。但令人费解的是他用的居然是"煮草木为酪"这样荒唐的方法来为灾民排忧解难。饥民当然不能拿草木充饥，于是民众互吃的惨绝人寰之事频频发生，令后人毛骨悚然，不可想象。翻开当时的历史，人吃人的例子俯拾皆是。各地民不聊生，"盗贼"蜂起。而短暂的新莽政权如此观之，也快走到了尽头。

公元 14 年，琅玡郡海曲县爆发了由吕母领导的农民起义。吕母之子原本是个安分守己的小县吏，只因一点小罪便被县宰所杀。吕家家产丰饶，资产数百万，其母为替子报仇遂破家财结交亡命之徒，首先攻破海曲县城，杀死县宰，游击于琅玡附近海上，众至数万人。

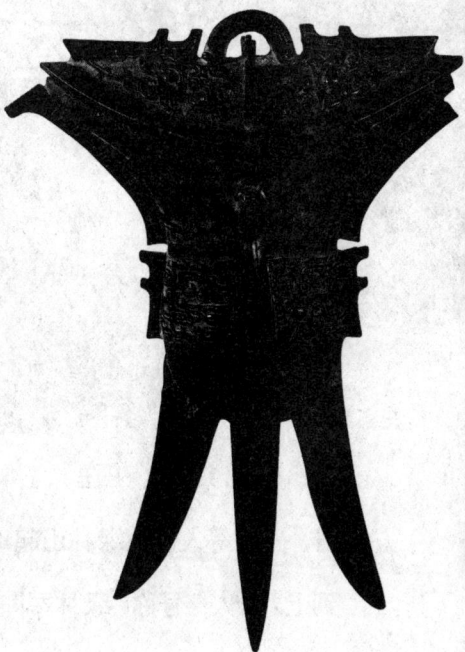

公元 17 年，王匡、王凤、马武、成丹、王常等人也在绿林山起事，迅速发展到七八千人，号称“绿林军”。绿林山在今湖北省江陵和河南省南阳之间，后世所称的“绿林好汉”就是源于此农民起义军。公元 21 年，绿林军与新朝荆州牧的两万军队交战于云杜，大败新莽军，杀敌数千人。随即乘胜克竟陵，转掠云杜、安陆等地，大概是为了解决部队官兵的个人问题，绿林军还刻意劫持了大批妇女，又回到绿林山中过起山大王的日子来。绿林中很快又聚集起五万多人，然而好景不长，公元 22 年，绿林山上瘟疫流行，死者近半，绿林诸头领不得已，只好率领部队分头转移。

王常、成丹西入南郡，号称"下江兵"；王匡、王凤、马武等人北上南阳，号称"新市兵"。新市兵攻打随地，平林人陈牧、廖湛聚千余人起事响应，号称"平林兵"。舂陵人刘兄弟也聚众起事，号称"舂陵兵"。

公元18年，琅玡人樊崇在城阳国莒县举兵，有百余人响应，转战泰山一带，自号"三老"。当时青、徐两州闹饥荒，寇贼蜂起，群盗以樊崇勇猛，纷纷归附，一年内聚集万余人。樊崇的同乡逢安，东海人徐宣、谢禄、杨音等，各聚众起义，合兵数万人，听命于樊崇。

至此，乱世的农民义军首领都已粉墨登场，令人期待的扭转历史的精彩好戏至此也就拉开帷幕了。

三、起义的主角
——绿林军

王莽新朝年间，在新市（今湖北京山）发生了中国历史上第二次农民大起义——绿林起义。长期以来，由于统治阶级的偏见与禁锢，对绿林军的评价总是蒙上一层阴影。封建统治者说它是绿林大盗，百般诋毁，而农民革命家说它是绿林英雄，大力推崇。为了还绿林军以本来面目，我们必须实事求是，以绿林起义的过程为依据，以其功绩为佐证，深入探讨绿林文化，全面透析绿林精神，

对这次规模空前的农民起义做出合理客观的评价。

（一）绿林军概述

绿林军，指中国新朝末年由因旱灾和蝗灾造成的饥民所组成的一支反对王莽政权的军队，因主要部队起兵于荆州的绿林山（位于今湖北京山县）而得名，称为绿林起义。后因绿林山发生瘟疫，绿林军被迫分成"下江兵""新市兵""平林兵""舂陵兵"四支。

地皇四年（公元 23 年），各支绿林军会师，共同推举汉朝宗室刘玄为帝，年号更始，决定争夺天下，以王匡、王凤为上公，刘演为大司徒，刘秀为太常偏将军。同年，刘演攻克宛。接着，绿林军在刘秀的率领下，在昆阳之战中击溃王莽的主力大军。十月初一，绿林军攻克长安，杀王莽，建立了更始政权。

此后，绿林军与另一支起义军赤眉军发生冲突，内部亦产生分裂。更始三年（公元25年），王匡率部与樊崇率领的赤眉军联合，攻占长安，立刘盆子为帝。后与南阳的舂陵兵合流，成为后来东汉政权得以成立的主力。当年六月，刘秀在河北称帝，改元建武，建立东汉，绿林军残部并入其部队，成为东汉皇家部队的一部分。

（二）绿林好汉盖赤眉

所谓的绿林好汉，其实就是指活跃于湖北、河南一带的下江、新市、平林、舂陵的四支部队，也被大家称作"绿林系"。但论其远近亲疏，又以下江、新市

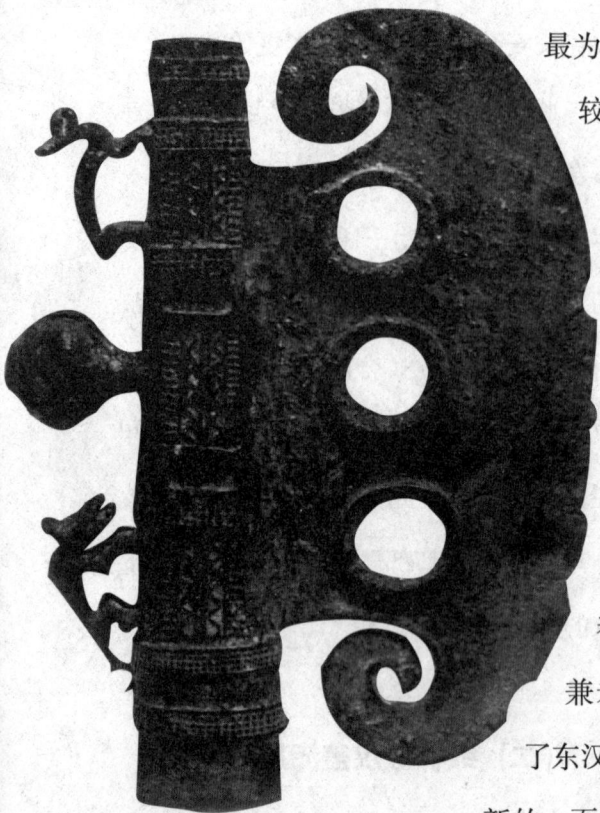

最为亲近，平林、舂陵关系则相对较远。然而，正是平林、舂陵这两个关系稍远的外围分子，给绿林军在历史上的作为添上了浓重的一笔。平林兵中更是有位曾经只是个当"安集掾"的小军官刘玄，后来成为两汉之间赫赫有名的关键人物，即"更始"皇帝。而在舂陵兵中，那位历史上以胆小兼老实而著称的刘秀，后来成为了东汉的开国皇帝，翻开了中国历史新的一页。纵观我国古代的历史，从来就是成者王侯败者寇，出了这么两位闻名于世的皇帝，绿林起义军的风头自然就要远远胜过赤眉军了，因此后世只有"绿林好汉"却没有"赤眉英雄"之称。

刘玄，字圣公，舂陵人，汉朝疏属，生于汉景帝之后，身为长沙王室舂陵侯一系，与刘秀乃族兄弟，其母何氏为平林人。新莽中期，因为犯法而逃亡远方，走投无路后加入平林军做了安集掾，他与另一位草头皇帝刘盆子在《后汉书》中同传，早期事迹寥寥无几，记载较少，因此后人对其也往往知之甚少。

刘秀，字文叔，与刘玄一样也出于舂陵侯一系。相传刘秀身长有七尺三寸，美须眉，大口隆准日角，总之按照史料记载是非常符合古代帝王之相的。不过他却一点都没有遗传到其老祖宗刘邦的脾气，性格爱好倒是十分像刘邦那位以善于置产业而出名的二哥。据史料记载刘邦年轻时游手好闲不务正业，他父亲

经常拿他同那位很会赚钱的二哥比较，并将其作为榜样教育他，等到后来刘邦当了皇帝，一家人聚在一块儿喝酒，他捧着玉杯给老父亲敬酒，问道："始大人常以臣亡赖，不能置产业，不如仲力。今某之业所就孰与仲多？"意思是说，当年你总说我无赖，不如老二有出息，现在我和老二比，谁的产业更大呢？为了这个，刘秀的大哥非常瞧不起他，认为刘秀也就是个没出息的田舍翁，常拿"今某之业所就孰与仲多"的典故开弟弟的玩笑。也亏得刘秀脾气好，不仅不生气，也从来不计较，还赔着大家一块傻笑。

刘秀的哥哥刘縯，字伯升，与弟弟不同，他的爱好倒是与其先祖极为类似，也好养侠士，经常在家里窝藏一些亡命徒，天生就是一个

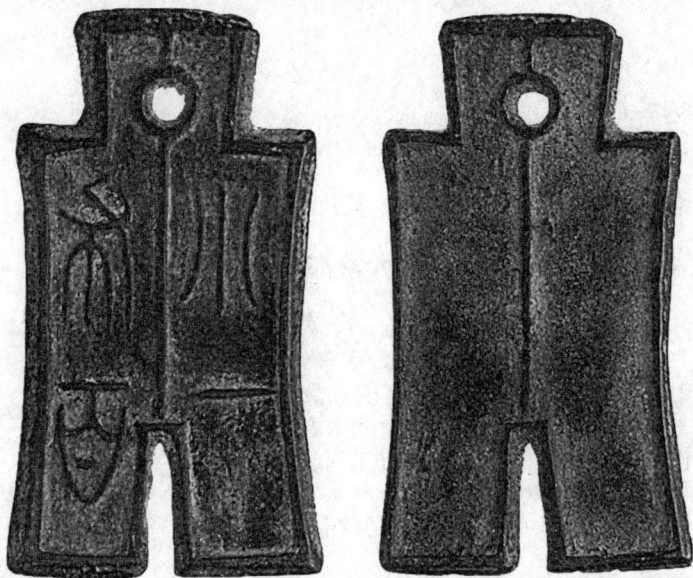

乐天好事的主儿。

王莽天凤年间，刘秀曾经被家里送到长安去学习《尚书》，但没读出什么大出息，半懂不懂地就回到了老家，继续安安稳稳东走西窜当他的田舍翁，整日做的就是些他大哥懒得做甚至是极其不屑的琐碎事儿。比如说帮别人打官司追讨钱粮，或者就是去大城市里卖米买工具，另外还有暗中贿赂官吏偷逃税款之类的事情……他偶尔也会抒发一下志向，但也不过就是"仕宦当作执金吾，娶妻当得阴丽华"这类目光短浅的眼前愿望，浑身上下一点也看不出有英雄气概。可就是这位未来的开国皇帝，难免愚者千虑，必有一得的灵光闪现之时，当时民间有谶言称"刘秀当为天子"，大家都觉得这个刘秀应该说的是王莽的国师刘秀，但这个田舍翁刘秀也会和大家开开玩笑："安知非仆乎？"你们又怎么知道应验的这个不是我呢？显得他幽默风趣又机智，倒也不失为大智若愚。

公元 22 年，南阳闹饥荒，刘秀家的宾客中也颇有些人暗中为贼。就因为这样，当地官吏不时找他麻烦，自然也免不了趁机捞一把，敲他几笔竹杠。被官吏敲诈怕了的刘秀，不得已只好跑到新野躲了起来，《后汉书》上毫不客气地将其此举称为"光武避吏新野"，但刘秀到底还算得上是个勤于治业的人，即使在逃难途中，自身难保，但听说附近大都市宛城的谷价高，就又跑去宛城倒卖庄园上出产的谷物。宛城豪强李通等人意图造反，想拉个姓刘的当做招牌，于是便以图谶游说刘秀，称"刘氏复起，李氏为辅"。所谓图谶、谶言，其实就是预言，就其性质来说倒是有点像谣言，总是能够听见它们飞来飞去，却总也不知道最早是从谁那里传出来的。从战国末年起，我国古代历史上每次大变更好像都伴有谶言的影子，比如在楚地流传的"楚虽三户，亡秦必楚"，就是很好的例子。大概是因为江湖上流传的谶言太多了，所以难免有那么几句碰巧就说准了，于是人们就把谶言当成是天机暗露，有些人更是专门去研究谶言，甚至将它做成了一门学问，王莽篡汉，其实就在相当程度上借用了谶言的力量，所以两汉之间简直可

以说是谶言的黄金时代。

没有谶言的预示，大英雄们就要心惊胆战，吃不好饭睡不好觉乃至连如探囊取物般容易到手的皇帝都不敢做。谶言可以左右政局的这种现象一直持续到南北朝时期。在此后的历史中，我们也能经常看见它那影响着历史发展和前进的诡异身影。明末时期，宋献策还在给李自成献"十八子主神器"的谶言呢！这些都足以说明古代中国人对于谶言的迷信到了何种程度，今人看来可能会觉得难以理解，但在那个生产力和科学技术都十分不发达的年代，这些或许就是他们解释世界的一种原始方式也未尝可知。

而光武帝刘秀恰恰就是这样一个相当信谶言的人——直到他当了皇帝，还把这些话当成宝贝，被大臣批评了还闹情绪要处分人，所以李通拿出来的图谶还真让他动了心。刘秀倒不是觉得自己有什么帝王相，可是他家有位好养侠士，英雄气概十足的大哥，他就琢磨着没准是说俺家老大呢！加之他又被官吏欺负得惨了，一时冲动，就决定与李通等人同谋造反，把卖谷物赚的钱全拿出来购置武器。公元22年的10月间，刘秀和李通、李通的从弟李轶等人在宛城起兵，时年28岁。刘秀带着这支人马回到老家舂陵，这时他大哥刘縯已经在当地拉起一支部队了。这两支部队会合后，被史家统称之为"舂陵兵"。刘家老大向来是以惹是生非而出名，他起事时，把诸家刘氏子弟都吓得够呛，因为造反在当时是诛灭九族的大罪，因此怕被连累的众兄弟们都纷纷溜走甚至躲藏起来。等到刘秀也带着一支人马回来，大伙儿先是面面相觑，不敢相信，而后便都乐了：连这么憨厚老实的人都带头造反了，我们还怕什么呢？于是刘縯联

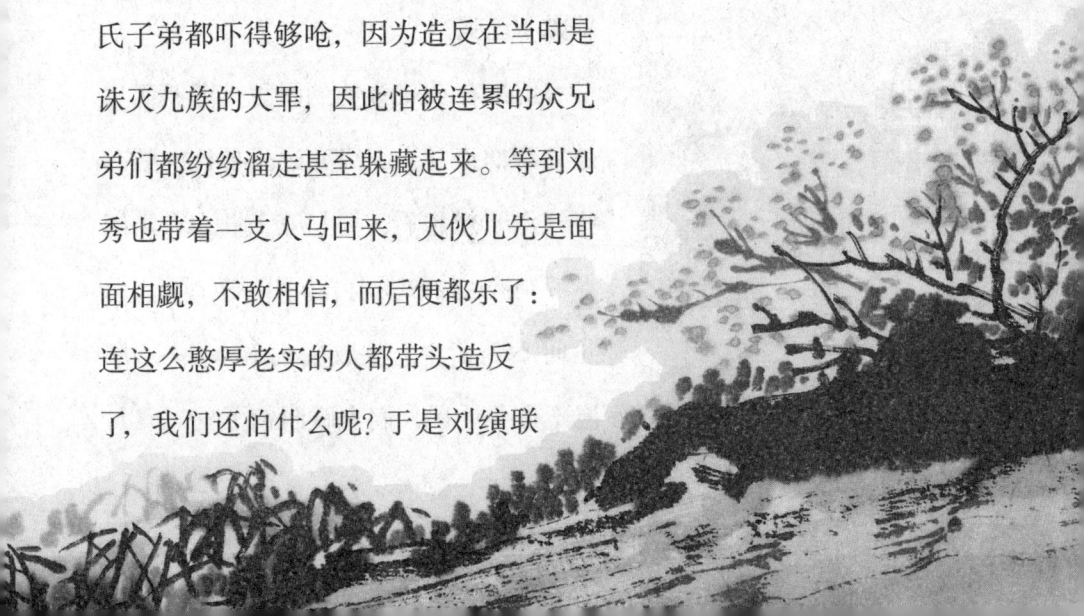

合新市兵、平林兵等绿林各部，自称为"汉军"，攻打周边城邑聚落，部队逐渐发展壮大起来。不过在雄才大略的刘缤眼里，可怜而又懦弱的刘秀天生就不是个起事的材料，便只肯分给他一头牛骑。刘秀就这样骑着牛起义了，直到汉军打败王莽的新野尉，他才终于得到了一匹战马。今天看来，人们还会觉得很滑稽，想当年高祖芒砀山斩白蛇起事，手里还握有一柄三尺利刃呢，而他的后人刘秀，却是骑着一头牛开辟了后汉两百年的天下……我们在感慨乱世春秋、世事多变的同时，对于命运的难以琢磨是否也会欷歔不已呢？

历来在英雄人物的眼里，即便都只是皇帝的道具，剑终究还是要比牛更有些气派。想想看，要是李贺把"男儿何不带吴钩，收取关山五十州"改写成"男儿何不骑黄牛，收取关山五十州"，那岂不是要让后人们大跌眼镜了吗？所以，十六国时代的羯族酋长石勒曾经就这样谦虚地说："汉高祖我是比不上也不敢妄自攀比的，不过汉光武帝嘛？我大概和他并驾齐驱还是绰绰有余的。这大概就是因为剑要远远胜过牛的缘故吧。刘氏兄弟舂陵起事之后，就迅速联合绿林各部，四面攻城掠地，一时间汉军声势大振，士气鼓舞。

公元二十三年正月，汉军在刘縯的指挥下，大破新莽军数十万人，主帅阵斩王莽前队大夫甄阜、属正梁丘赐。紧接着，刘又大败新莽当朝名将纳言将军严尤和秩宗将军陈茂，以十万之众，进攻并围困宛城。那么防守宛城的主将又是谁呢？这便是赫赫有名的后来东汉"云

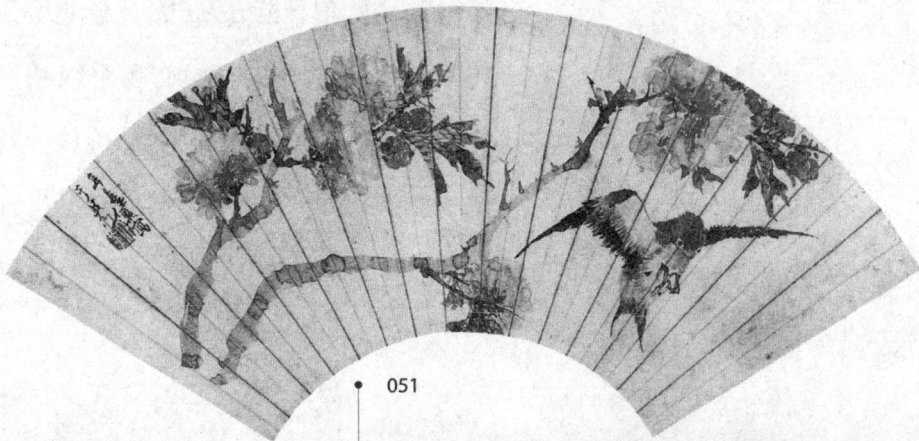

台二十八将"之一的岑彭，也正因此汉军才久攻宛城不下。也是在这年的二月，绿林军的各部，在宛城共同推举平林军的安集掾刘玄为汉帝，并以刘良为国三老，王匡为定国上公，王凤为成国上公，朱鲔为大司马，刘缤为大司徒，陈牧为大司空。其余诸将也都各自列位九卿将军，老实人刘秀更是混得了个太常偏将军。而在当时，不论战功还是才干，绿林军刘氏宗亲中最有资格成为汉帝的非刘缤莫属，这从王莽对他的特别重视还悬以重赏捉拿就可以明显看出，"购伯升邑五万户，黄金十万斤，位上公"。因为当时还没有哪个绿林赤眉的头目能被重金悬赏到这个价钱。刘缤威严素著，声名远播，各方豪杰猛将也多归附于他，赫然凌驾于平林、新市诸将之上。支持刘缤的也主要是他自己的春陵系和部分下江将领，如王常等人。而平林、新市和其他下江将领，则因惧怕刘缤桀骜难驯，又纪律严明，义军原本都是盗贼出身，闲散放纵惯了，所以大家宁可拥立虽无太大才能却也能相安无事的刘玄称帝。因此平林、新市诸将暗地里活动并积极拥立刘玄，等到既成事实后，才派人通知了刘氏兄弟。

刘缤得知此消息后对此举表示出相当的不满，但为了顾全大局，还是较为委婉地提出："诸将军幸欲尊立宗室，其德甚厚，然愚鄙之见，窃有未同。今赤眉起青、徐，众数十万，闻南阳立宗室，恐赤眉复有所立，如此，必将内争。今王莽未灭，而宗室相攻，是疑天下而自损权，非所以破莽也。且首兵唱号，鲜有能遂，陈胜、项籍，即其事也。春陵去宛三百里耳，未足为功。遽自尊立，

为天下准的，使后人得承吾敝，非计之善者也。今且称王以号令。若赤眉所立者贤，相率而往从之；若无所立，破莽降赤眉，然后举尊号，亦未晚也。愿各详思之！"

（三）绿林起义的三个阶段

历时近九年的绿林起义，大致可以分为三个阶段：

1. 聚众结义阶段（17—21 年）

公元 17 年，荆州大旱，据《后汉书·刘玄传》记载："南方饥馑，人庶群入野泽，掘凫茈（荸荠）而食之，更相侵夺。新市人王匡、王凤为评理争讼，遂推为渠帅。"王匡、王凤仗义执言，在群众中有很高的威信。18 年初春，河南人马武、王常、成丹带领部队前来投靠他们，由此使二王领导的军队达到七八千人。他们选择绿林山（即今大洪山）为根据地，将一块空旷地（今三王城）为练兵场。最初的几年，绿林军在山上开荒种地，过着自给自足、安稳和美的生活。后来，义军人数越来越多，军事实力愈加强盛。到了 19 年秋天，首次攻打驻地附近的集镇离乡聚，并缴获了大量官方物资。公元 21 年，绿林义军终于发展到五万多人，初具规模。

2. 重创莽军阶段（21—23 年）：

公元 21 年，王莽听说荆州绿林山聚集了大量的农民义军，心中慌乱，于是便派荆州牧率领两万精兵对其讨伐。王匡、王凤主动出山迎战。在云杜（今京山县城）周围，出其不意袭击莽军，并

大获全胜。"大破牧军，杀数千人，尽获辎重"，后又乘胜"攻拔竟陵（今钟祥），转击安陆……还绿林山中，至有五万余口，州郡不能制"。（《后汉书·刘玄传》）

公元22年夏，绿林山发生严重瘟疫，数月间人死过半，义军面临着濒临灭亡的威胁。王匡、王凤，王常、成丹分别率领人马，兵分两路，离开了绿林山。王匡、王凤带兵进入南阳，威震四方。汉宗室刘縯、刘秀兄弟恰巧当时也在聚兵反莽，便主动与绿林军联系。两军联合后，重创莽军严尤、陈茂的部队，在南阳、昆阳地区打了一系列的胜仗。

3. 复汉立帝阶段（23—25年）

公元23年，起义军战胜严尤、陈茂官军之后，关于领导权的争夺日益激烈起来。这次战胜莽军的主力是绿林军，王匡、王凤在义军中赢得了很高的威望，王匡实际上成了义军的最高统帅。但王匡存在"天下非汉莫属，非刘氏莫王"

的封建正统思想，不愿自称皇帝，于 23 年 3 月在淯水沙洲设坛陈兵，举行大典，立汉高祖九世孙刘玄为帝，号更始。

昆阳之战后，王匡率兵于 23 年 9 月攻破洛阳，10 月攻入长安，将王莽杀死。王莽政权宣告结束。

刘玄进入长安后，贪恋酒色，不理朝政。后来又在别人的挑唆之下开始怀疑绿林军领袖对其不忠。面对赤眉军的层层逼近，绿林军大将申屠建规劝刘玄撤退到南阳根据地另起炉灶，刘玄对此不仅毫不理睬，反而将他杀害。王匡被迫归附了赤眉军。公元 25 年 9 月赤眉军攻入长安，12 月，将刘玄绞死。后来，王匡又离开赤眉军，归附刘秀部下宗广。据史料分析，王匡随宗广后，于 26 年 3 月被刘秀授意杀害。王凤在长安受封宜城王后，下落不明，疑被刘玄派人暗杀。

四、起义另一军
——赤眉兴亡录

（一）赤眉军起义经过

西汉末年，封建地主对土地的兼并达到了疯狂的地步，大部分农民丧失了赖以生存的土地。很多农民身无立锥之地，再加上频繁的自然灾害，使人民处于水深火热的境地。封建王朝的统治又十分荒淫腐朽，奢靡腐败，官吏还大肆鱼肉人民，盘剥百姓。当饥荒到来时，居然发展到人吃人的地步，挣扎在死亡线上的人民再也不能忍受下去了。

天凤五年，琅玡人樊崇率领一百人在莒县起义后转入泰山，不久临沂逄安，东海郡徐宣、谢禄等也纷纷群起响应，并率领部下几万人与樊崇会合。后来以樊崇为首的起义军不断壮大，相传因为这支起义军队伍用赤色染眉故称赤眉军。

赤眉军在山东诸城城西歼灭了王莽新朝主力军队一万多人，取得了首次大捷，之后就立即乘胜进攻青州，后来又折返回到泰山，队伍此时也已经发展到十多万人。同时起义军还制定了严明的纲纪法令："杀人者死，伤人者偿创。"以此争取群众，打击敌人，但令人遗憾的是赤眉军并没有自己明确的纲领，这也为其日后的混乱腐化埋下了祸根。

赤眉军于地皇三年二月同王莽大将王党军大战，起义军采取机动灵活的战术，避实击虚，再次取得大胜。地皇三

年四月赤眉军又与王莽手下的两员大将王匡、廉丹决战于山东东平，这次战后王匡狼狈逃走，廉丹被杀死，赤眉军占领了黄河两岸的大片土地，势力迅速强大起来。

更始政权建立后，樊崇率领赤眉军二十多名将领来到洛阳归附更始政权，绿林赤眉军主力联合。但更始皇帝刘玄昏庸腐败，日夜饮酒作乐，大封宗室，排除异己，杀大将刘縯，使众将士心寒绝望终至走向分裂。樊崇带领手下主将回到军中，不久就率兵进军颖川，而后又进攻宛城，杀县令，另一路大军则杀死了河南太守。

赤眉军获得多次胜利后，樊崇决定西征。于公元 24 年 12 月开始西征，两路大军进至长安。并且打败了刘玄之将苏茂，接着整顿部队，进攻长安。公元 25 年 3 月，大败李松。李松部死伤三万多人，逃回长安，众将立汉宗室刘盆子

为皇帝，国号"汉"，樊崇任御史大夫。王匡、张卬为了避免被刘玄杀害，遂率军投奔赤眉军，25年9月赤眉军攻克长安，刘玄被迫投降，不久就被绞死，西征就此以胜利告终。樊崇没有战略眼光，只顾着眼前的蝇头小利却毫不顾及长远利益，不着急打破外围却论功行赏，从而贻误了大好战机，终于没有占领到战略要地——华阴、新安等地。赤眉军在面对新形势时没有给予足够的警惕，而这个时候各地的地方武装纷纷建立兴起，抢占地盘，尤其以刘秀军为主要对手，刘以洛阳为中心，封锁了赤眉军的后路，同时又不断兼并其他弱小的武装力量，势力也逐渐强大起来，军事实力远远超过了赤眉军。

　　关中地主豪强组织武装，聚众反抗，使长安粮食供应出现了极其严重的问题，赤眉军由于没有及时采取严厉的措施打击豪强来获得足够的军粮，无奈之际只能转移到甘肃一带，此时不仅许多士兵在遭逢大雪后被冻死，又遇到了天水隗嚣的偷袭，最终只好再次返回长安，但此时的长安也并非太平安稳之地，甚至还发生了百年不遇的大饥荒，二十万赤眉军只好向东进发，并在河南渑池与刘秀大军决一胜负，刘秀主将冯异派部下假扮赤眉军埋伏下来，赤眉军毫无察觉便轻而易举被冯异击败，后又在宜阳遭到截击，起义军虽然浴血奋战，但饥饿疲

乏之余最后还是失败了。樊崇等大将不久便被杀害，主力被歼灭后其余分散的各地赤眉起义军也都相继为刘秀所灭。

（二）赤眉军三老识包咸

传说，汉代延陵出了一个神童，名叫包咸。他小时候十分聪明，塾师一教便会。地方上找不到学问比他好的塾师，父亲只好将包咸送到京城长安去上太学。包咸进了太学，在老师指点下博览群书，著书立说，成为太学生中的有名人物。到了包咸36岁那年，天下大乱，到处发生农民起义，他不

能安心读书，只好背了一些书，离开长安回延陵。当他出了潼关，走到河南地界时，突然碰上一支农民起义队伍。这个队伍里的士兵，都用朱砂涂眉毛，打着"赤眉军"的旗号，每营由一个三老指挥。这些三老大多目不识丁。赤眉军发现一个背着书包的书生，就把他抓起来送到三老那里。包咸被关在军营中，仍然不忘读书。他起早贪黑，读书自娱，读到惊奇高兴处，放声大笑，读到悲哀伤心处，失声痛哭。看守人员把情况禀报三老，三老吩咐看守人带来提审，并命令他把书包一起带上。三老问包咸是哪里人，干什么的？包咸说："我是扬州郡风美县延陵

乡人，是太学生。"三老问："你念的什么书?"包咸答："五百年前孔子写的书。"三老听了哈哈大笑："五百年前死人的书有什么念头? 真是大傻瓜。"说完他下了座位，走到包咸身边，从书包里随便抽出一本书，指着其中一行，命令包咸说："念给我听!"包咸一看是《论语》中的一句，念道："四体不勤，五谷不分，孰为夫子?"三老一听："对! 骂得对! 孔子不种田，该骂。"三老又随手指一页叫包咸念。包咸照着书念："不患寡而患不均。"三老问这是什么意思。包咸解释说："不怕贫穷，只怕贫富不均。"三老说："对呀，我们赤眉军就是为了劫富济贫。"三老又抽出一本《孟子》要包咸念其中一行。包咸念："民为贵，社稷次之，君为轻。"

三老拍手称赞，说："这老头儿说得还有点道理，当然老百姓为主，皇帝算什么东西！"三老回到座位后说："看来书里也有讲得对的地方。我们打下江山以后，要让农民的孩子读书、识字、明理。"接着又对包咸说："书呆子，你回延陵去吧，我们马上要去打长安了，打下长安再让你们读书人去读书吧。"包咸辞别了赤眉军，走了一个多月，回到延陵。第二年，王莽被杀，刘秀登基，包咸被地方官举为孝廉，推荐到长安，被聘为皇太子的老师，成为延陵历史上第一个有名的学者。

（三）赤眉军被攻灭的战争

更始三年（公元 25 年）六月，刘秀称帝，改年号为建武后，立即派大司马吴汉统军十余万围攻洛阳，同时命耿弇、陈俊屯兵五社津（今河南巩县以北），警戒荥阳以东。此时，更始政权军队（绿林军）

正与赤眉军激战于新丰附近，无法顾及东边的洛阳。吴汉率岑彭、贾汀、狥獧等十一位将军攻打洛阳，更始将领朱鲔孤军守城，顽强抵挡（李轶因朱鲔中刘秀借刀杀人之计而被其刺杀）。吴汉一连攻打了两个多月，未能得手。后刘秀亲至河阳，坐镇指挥，也未能奏效。九月，赤眉军攻陷长安，更始政权覆亡，刘秀遂遣岑彭劝说朱鲔投降。起初朱鲔以曾主谋杀刘縯及阻拦刘秀去河北之事，不敢投降。刘秀向他明确表示不计前嫌，朱鲔见外援已绝，洛阳孤城早晚将破，遂开城投降。十月，刘秀定都于洛阳，控制了关东的战略要地，与西进的邓禹，对关中的赤眉军形成了夹击之势。

邓禹在河东击败更始王匡等所统的十余万大军之后，七月，自汾阴（今陕西韩城东南）渡过黄河，进入夏阳（今陕西韩城西南），在衙县（今陕西白水北）又击破了更始中郎将左辅都尉公乘歙之兵十余万。此后，邓禹军一路所过，各地豪强及更始驻军纷纷望风而降，邓禹

军急速膨胀，号称百万，名震关西。赤眉军进占长安后，邓禹部属皆劝邓禹攻取长安，邓禹认为自己部队人数虽众，但能战者少，又缺乏足够的军资，不能与锐气正盛的赤眉军争锋，于是率军向北，后控制了上郡、北地、安定三郡，一面休整部队，一面窥伺关中赤眉军动向，限制其向北发展。

赤眉军进入长安后，其四周东有洛阳的刘秀，东南有南阳的成丹，南有汉中的刘嘉，西有天水的隗嚣，关中还有一些更始政权的残余力量，处于四面受敌，孤立无援的境地。但赤眉军没有制定任何相应的策略来改变这种不利处境，而是将几十万大军屯驻于长安地区。而关中地区由于屡遭战乱，人民饥馑，各地豪强反对赤眉军，纷纷坚壁清野，使赤眉军无法筹措到粮食，补给严重困难。建武二年（公元26年）正月，长安粮尽，赤眉军决定向西发展，走陇上（今陕西陇县）就食，寻找出路。但是，在那里赤眉军遭到隗嚣的拦截和暴风雪的袭击，冻死不少士兵，损失惨重，被迫退回。

当赤眉军离开长安西去时，邓禹军立即由上郡等地南下，轻而易举地攻取了长安，但邓禹并没有全力作好防守准备，忽见赤眉军东返，匆忙派兵迎击，结果大败而归，邓禹慌忙退出长安，入据云阳(今陕西省三原)。建武三年（公元27年），赤眉军在崤（今河南洛宁）和宜阳再被刘秀军打败，樊崇投降，最后被杀害。

五、昆阳之战

　　在绿林义军重创王莽新政的第二阶段中特别值得一提的是昆阳之战。《辞海》对"昆阳之战"是这样描述的："我国战争史上以少胜多的著名案例。公元23年，绿林义军进攻并围困宛城，最终攻克了昆阳等县。王莽见状派王寻、王邑率军四十二万反扑，包围昆阳，采用楼车和地道攻城。王凤等率起义军八九千人奋战坚守，派刘秀等突围救援。各路起义军进援昆阳时，刘秀乘莽军轻敌懈怠之

机，率领精锐部队三千人集中突破敌军中坚力量，而后杀死王寻。各军奋勇作战，城内守军也乘胜追击，在义军内外夹攻的形势下，大破敌军，歼灭了王莽的主力。"可以说正是昆阳之战敲响了新莽政权的丧钟。

当时的新莽政权面临着北方的赤眉与南方的绿林两大反对集团的挑战。刚开始，王莽将赤眉军作为主要的镇压对象，相继派出多支精锐的主力部队对其围剿。而对于南方的绿林军，似乎就不那么重视了，就像严尤这样的著名将军，所率领的也不过是仓促拼凑起来的地方部队和临时招募的士兵，每次行军打仗还必须上报，不然就犯了"弄兵"之罪。然而当刘玄称帝的消息传来之时，这位篡权的皇帝才终于幡然醒悟，认识到了绿林军的威胁之大，马上就将战略重心进行了调整并转移，而后又调集各县兵力集于洛阳，随时准备与绿林军进行战略决战。王莽对此战相当重视，以他手下最得力的大将大司空王邑、大司徒王寻为主帅，共集结了四十二万人。王莽还找来一位身高过丈，腰大十围的山东"大力士"做"垒尉"，负责看守营房壁垒。另外，他还把上林苑里的猛兽，如虎豹犀象等都放出来随军作战，以助军威。但是王莽忽略了猛兽们以肉为生，而行军打仗途中的士兵都处于极度紧张的状态中又怎会有工夫为它们寻觅鲜肉呢！而当时又适逢春夏之交，是动物们的发情期，脾气不太好的猛兽还喜欢在半夜嚎上几声，闹得大家觉都睡不安

稳，严重影响了部队的休息，偶尔还会发生伤人事件。当然王莽这个饱读诗书的皇帝可并非是凭空想象出这样的怪招，《史记·五帝本纪》确实有关于黄帝"教熊罴貔貅虎以与炎帝战于阪泉之野"的说法。碰上王莽这样一个有复古情结的君主，大家也就见怪不怪了。不仅如此，王莽还征召当时研习兵法的六十三家流派共数百人作为基层部队参谋。这一举措，确实使新莽军的军事理论水平大大提高。但这六十三家不同的流派很难统一作战思路，一路上吵个不停，常常为最后采取哪家的决策而争论不休。也正是这一年的五月间，王寻、王邑大军与颍川的严尤、陈茂会合后，立即向昆阳挺进，数日之内，就有十余万大军抵达昆阳城下。瞬时之间肃杀的气氛笼罩了整个昆阳城。

昆阳（今河南省叶县），正是成语"叶公好龙"中叶公的家乡。在这一带活动的汉军，是新市兵王凤、下江兵王常及春陵兵刘秀等部队，而汉军主力尚顿兵于久攻不克的宛城之下，无暇顾及昆阳。此役的序战，由未来的汉光武帝刘秀率先打响。刘秀率数千人马在今河南省禹县西北的阳关一带与新莽军发生了遭遇战，见对方兵力强大，随即撤入昆阳城拒守。其他各路汉军得知此消息后，也纷纷退入昆阳城中，小小的昆阳城里，顷刻间聚集了汉军近万人马。随着新莽数十万大军临昆阳城下，逃入城中的诸将多惊慌失措，有些人便借口担心妻室儿女的安全，想散伙逃回自己的地盘继

续当山大王。这时候倒是向来被大家认为只配骑牛的胆小鬼刘秀头脑还算清醒，并且头头是道地给大家分析："我们现在虽然粮食和兵力都匮乏，敌军势力又很强大，但为今之计也只有放手一搏，集中主力和对方决战，这样或许多少还有点翻身的机会。否则我军主力现今还在宛城下，一旦我们撤退，主力部队必将遭到敌军的两面夹击，不出一天，就会被消灭殆尽。到了那时候，在座的各位还能逃到哪里去？"像刘秀这样的老实人居然讲出这么火气十足的话，实在让大家感到吃惊，有些人就反唇相讥道："就凭你这个胆小鬼，也配教训我们？"刘秀无奈苦笑，转过头来起身就要走。就在这个时候，侦察的骑兵来报：新莽军已抵达城北，全军蜿蜒数百里，连队尾都看不

见。刚刚还在耀武扬威的众人这时都傻了眼，最后决定还是把刘秀请回来，听从他的意见。这样无形之中，刘秀便成了昆阳城守核心总指挥，在他的策划下，汉军决计死守昆阳等待援军的到来。

刘秀令王凤、王常留守昆阳，自己则率十三骑突围寻求援助，当时新莽军已有十余万大军兵临昆阳城下，刘秀率领的这支小部队突围成功后急速赶往郾、定陵等城，准备调发所有部队前往救援昆阳。有些舍不得财物的将领，还想留些部队守卫，刘秀见状十分气愤，把这帮守财奴狠狠敲打一番，同时又动之以情，晓之以理："打败了敌人，功名利禄应有尽有;打了败仗，连性命都保不住了，

守着宝贝又有何用呢？"就这样，刘秀总算拉着一支队伍赶回救援仍在留守昆阳的众人。

这个时候，昆阳城下两军正在激烈作战。严尤本来是极其反对强攻昆阳的，他认为昆阳城小却坚固，难以迅速攻克。汉军主力和称帝的刘玄都在围攻宛城，如果这时能歼灭这支主力，那么昆阳城必将不攻而克。严尤和汉军交过手，对于汉军的战斗力十分了解，提出的建议也是合情合理的。但是新莽军主帅王邑却不以为然，认为自己手里有四十多万大军，踏平一个小小的昆阳城，绝非难事，而且一定要尽出风头才肯走。于是，新莽军把昆阳城包围了十层，设营百余座，旌旗蔽野，金鼓之声在几十里以外都听得真切。新莽军挖地道，还使用冲车、棚车等攻城工具，昆阳城中箭如雨下。城里盾牌顿时成了紧缺的货物，连门板都被派上大用场。王凤等人实在扛不住了，就想要投降。但新莽主将王邑、王寻就是不肯接受，一定要屠城。这样王凤之众没了指望，只能拼命防守，破釜沉舟，背水一战。严尤见城池久攻不下，建议放开一个口子，让守军突围，一方面便于在野战中将其全部歼灭；另一方面也让其传播失败的消息，打击宛城汉军的士气。王邑仍然不肯采纳其建议，于是四十多万新莽军就这样困在昆阳城下，却又无所事事。双方僵持到五月底，此时宛城已被攻克，形势逐渐有利于汉军。六月初一，刘秀、李轶率领征调来的援军抵达昆阳城下。

向来以怯懦出名的刘秀亲自率领步骑兵千余人为前锋，向新莽数十万大军挑战，抵达其阵前四五里处列阵。新莽军派遣数千人迎击，刘秀亲自冲锋陷阵，击退敌军，斩首数十万。而

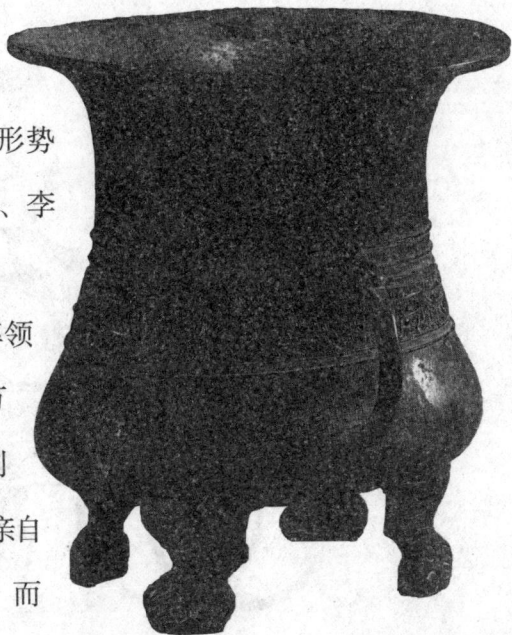

后刘秀再度带领汉军诸将继续前进，屡战屡胜，奋勇杀敌上千人，直逼昆阳城下。为了迷惑敌人，同时鼓舞城中被围困数日的军队的士气，刘秀让部队对外宣称汉军已经攻下宛城，而外调的援军也即将抵达昆阳城下。其实刘秀当时并没有得知这个消息，虽然汉军确实已于三天前攻克宛城，但是胜利的消息还没传到他这里。守城的王凤、王常，攻城的王邑、王寻同时得到了这个"假消息"，效果可想而知是截然不同的：城中部队军威大振，士气鼓舞，大家都争先恐后想要出城夹击新莽军；而攻城的数十万部队则士气沮丧，毫无斗志，只想速战速决。

这时候刘秀又率敢死队三千余人，渡过城西的昆水，直接打击新莽军"中坚"力量，也就是

王邑、王寻的部队。

而此时的新莽军对于刘秀外调援军的到来，却没有引起足够的重视。就连一向头脑比较清醒的严尤，都很轻视刘秀。刘秀曾经因为打官司和严尤有过一面之交，严尤对这个年轻人深有印象。在这次战役中，昆阳城里有个刘秀曾经的部下投降新莽军，对严尤称刘秀不取一分财物，却在与部下将领商量对策时，严尤只是笑道："是美须眉者邪? 何为乃如是! "意思就是那个须眉长得很漂亮的小伙子，他至于这样吗? 这样一来王邑、王寻就更加轻敌了，只派出了仅万余人去阵地巡查，而命令其他各营对其部队严加管教，未得命令不得擅自迎战。

新莽军人数虽多，但大都是些乌合之众，缺乏实际的战斗经验，而且军队士气低落，与刘秀所带领久经沙场的三千敢死军刚一接触，就立刻溃不成军，四散而逃，主帅之一的王寻于乱军之中战死。余下的数十万新莽军，本身就十分匮乏求胜的意志，失去指挥之后更是乱得一塌糊涂。屡战屡胜的汉军则军威大振，士气高涨，冲锋陷阵，神勇杀敌，四面突破新莽军阵地，昆阳城中的留守军队也趁势鼓噪而出，与外援一起内外夹击新莽军。当时恰逢狂风大作，暴雨倾盆，只见屋瓦皆飞，河流暴涨，新莽军中的猛兽都乱了阵脚，更谈不上在沙场上助阵了。溃散的士兵，纷纷

向北逃走，却又被追击的汉军赶到了暴涨的山川里，万余人溺死河中，连"大力士"也在劫难逃。王邑、严尤、陈茂等新莽军众将领，仅率少数从长安带来的精锐骑兵踏着死尸从河边逃出。战后，汉军花了一个多月的时间都没有完全搬走新莽军遗弃的大量军用物资，不得已将剩余的都焚毁了。

对于新莽朝终于彻底失去信心的严尤、陈茂，随即投奔了起兵于汝南的原汉朝宗室刘望。王邑则率领残兵数千余人，一口气逃到洛阳城。昆阳之战，终以新莽王朝的惨败告终。

六、赤眉绿林
之决裂

王莽死后，社会更加动荡不安，天下群雄并起，陷入大分裂的状态。而这时的更始皇帝刘玄，却并非是个能够扫平群雄，一统天下的真命天子。他来到长安后，眼前看到的只是一个末世风态未改，华美壮丽而又奢靡的都城。在长安的宫殿群落中，只有未央宫被焚毁，其他都还保存得比较完整，还有数千宫女，备列后庭。钟鼓、帷帐、舆辇、器服、太仓、武库、官府、市里，悉如旧制。

于是更始帝刘玄也学着老祖宗刘邦初入咸阳的样子，住进了长乐宫，宫里的执事人员举行了盛大的仪式欢迎他。一开始，他还有点害羞，表现得很生涩，低着头只顾刮席子玩。等到过几天住熟了，就玩得比谁都疯，日夜与妇人饮宴后庭，群臣要找他办事，每次都是喝得烂醉而归，而后谁也不见，如果被大臣们逼得无路可逃，就让侍中坐在屏风后面冒充他讲话。他的宠姬韩夫人埋怨奏事的人打搅了她喝酒的兴致，竟然把办公的书案都给砸了，而刘玄则拍手称快，这着实让人觉得荒唐透顶。汉高祖在咸阳宫中鬼混，还有个忠心不二的樊哙把他拖出来严加规劝，这位更始帝即便是身边有个樊哙，恐怕他也不敢去招惹更始帝那位母老虎韩夫人。所谓得民心者得天下，汉高祖刘邦入关之初，以约法三章取得民心，得到百姓的大力支持。而我们这位更始皇帝刘玄都做了些什么呢？他的部下将领来朝见他，他居然笑嘻嘻地问："你们又抢了多少东西？收获还不错吧？"旁边的侍从官面面相觑，无人吭声。而当初积极拥立更始帝的诸绿林义军首领，见到皇帝如此荒淫无能，这时也都忙着分一杯羹，暗中策划造反。

为了酬功，刘玄竟然一口气封了二十个王：宗室太常将军刘祉为定陶王、刘赐为宛王、刘庆为燕王，刘歙为元氏王、大将军刘嘉为汉中王、刘信为汝阴王，王匡为比阳王、王凤为宜城王、朱鲔为胶东王、鲔尉大将军张昂为淮阳王、廷尉大将军王常为邓王，执金吾大将军廖湛为穰王、申屠建为平氏王、尚

书胡殷为随王、柱天大将军李通为西平王、五威中郎将李轶为舞阴王、水衡大将军成丹为襄邑王、大司空陈牧为阴平王、骠骑大将军宋佻为颍阴王、尹尊为郾王。当时更始朝中大权，基本掌握在赵萌、李松的手中，绿林其他将领则划地为王，吏治更是混乱不堪，一塌糊涂。将军们各自都有权委任官员，选拔标准又不统一，大部分是自己看得顺眼就行。于是地痞无赖、投机商人、厨子甚至屠夫，都挂着大大小小的官衔，穿着绫罗绸缎，而按照当时西汉的制度，这种身份地位

的人是绝对不能够穿这种衣料的。他们成日里在长安城里瞎逛，每天在大街上吵架斗殴，还成为了当时长安城中一景，社会舆论称之为"灶下养，中郎将。烂羊胃，骑都尉。烂羊头，关内侯"。曾经拥有那个时代最强大军事实力的绿林起义军，就这样迅速地腐化了。而此时，来自东方的赤眉军，正在向长安进军。

赤眉军起自山东，作风简朴，首领称"三老""从事""卒吏"等低级官号，也没有具体的旗帜、文书、法规，只有一些口头约束如"杀人者死，伤人者偿创"等。因为这样，王莽曾经一度相当好奇：如此简陋的农民义军怎么还能组织起来，最后还能成气候？倒是严尤给出了这样的回答："今此无有者，直饥寒群盗，犬羊相聚，不知为之耳。"即这些起事者，是为饥寒交迫所逼出来的，至于所谓正规军队的典章制度，他们不了解所以才没有应用。然而就是这样一支最简单的农民起义军部队，其战斗力却一点也不弱。赤眉军起事之后，取得过两次较大规模的胜利：在姑幕之战中击败王莽将领田况，杀敌上万；全歼景尚、王党率领的中央军团，杀死景尚，王党下落不明。因此，在刘玄称帝之前，风头正劲的赤眉军才首先成为王莽围剿的重点。公元22年，王莽派遣侄子王匡、更始将军廉丹率十万大军进攻赤

眉军。相传在这次围剿中，赤眉军的士兵为了方便在战场上区分敌我，将眉毛都染成了红色，从此，才有了"赤眉"的称号。公元 22 年冬，新莽军与赤眉军交战于今山东东平西面的成昌聚，史称"成昌之战"。在此之前，新莽军刚刚攻克被索卢恢起义军占据的无盐，屠杀了一万多人，虽然取得了胜利，但新莽军士卒也处于相当疲惫的状态。

王匡想乘胜进攻梁郡的赤眉军董宪部，廉丹以转战已久、士卒疲惫为由，坚决反对出击迎战，建议全军休整。王匡却自恃是王莽的侄儿，仗势欺人，拒不采纳廉丹的意见，坚持要进攻梁郡，而且还计划在消灭梁郡的赤眉军后，挥师攻打泰山的赤眉老巢，彻底剿灭赤眉军。这位只会吃喝玩乐的公子哥儿，就这么带着自己的队伍大摇大摆地向梁郡挺进，甚至和廉丹先打个招呼都懒得去做。廉

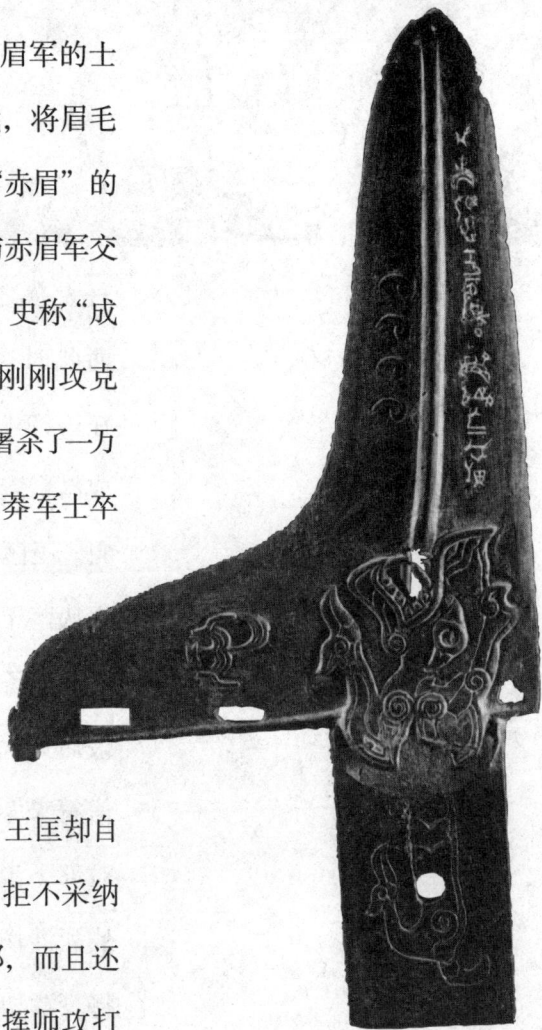

丹无奈之余，只能跟随王匡进军梁郡。而此时，骁勇善战的赤眉军领袖樊崇，在得知王匡义军的动向后，急行军赶到成昌聚以南地区，隐蔽好后等待敌军进犯。王匡、廉丹骤然遇敌，加之士卒疲惫，很快落于下风。王匡见大势不妙，扔掉军队准备逃走。廉丹不肯突围，苦战到底，最后见大势已去，遂命部下将自己的印信符节转交给逃走的主将王匡，同时对部下说："小儿可走，吾不可！"终于战死沙场。王莽对此相当震惊，派遣国将哀章协助王匡率司命孔仁、兖州牧寿良、卒正王闳、扬州牧李圣等，调集各州郡兵力三十万人，再度发兵进攻赤眉军。成昌之战，有力地牵制和消耗了王莽的力量，为绿林军在南方的发展帮了大忙。第二年，绿林军在南方相继取得了几次大胜利，并在昆阳之战中彻底摧毁了王莽军队的主力。而赤眉在北方发展得却不如想象中那么顺利，在东海郡被新莽军击败，死伤数千人，随后转入今河南省境内。更始帝迁都洛阳后，遣使劝降樊崇。樊崇等人本来就只因饥寒所迫而起事，并无称帝的宏图大志，接到更始的诏命后，更是欣然离开部队，只带了手下

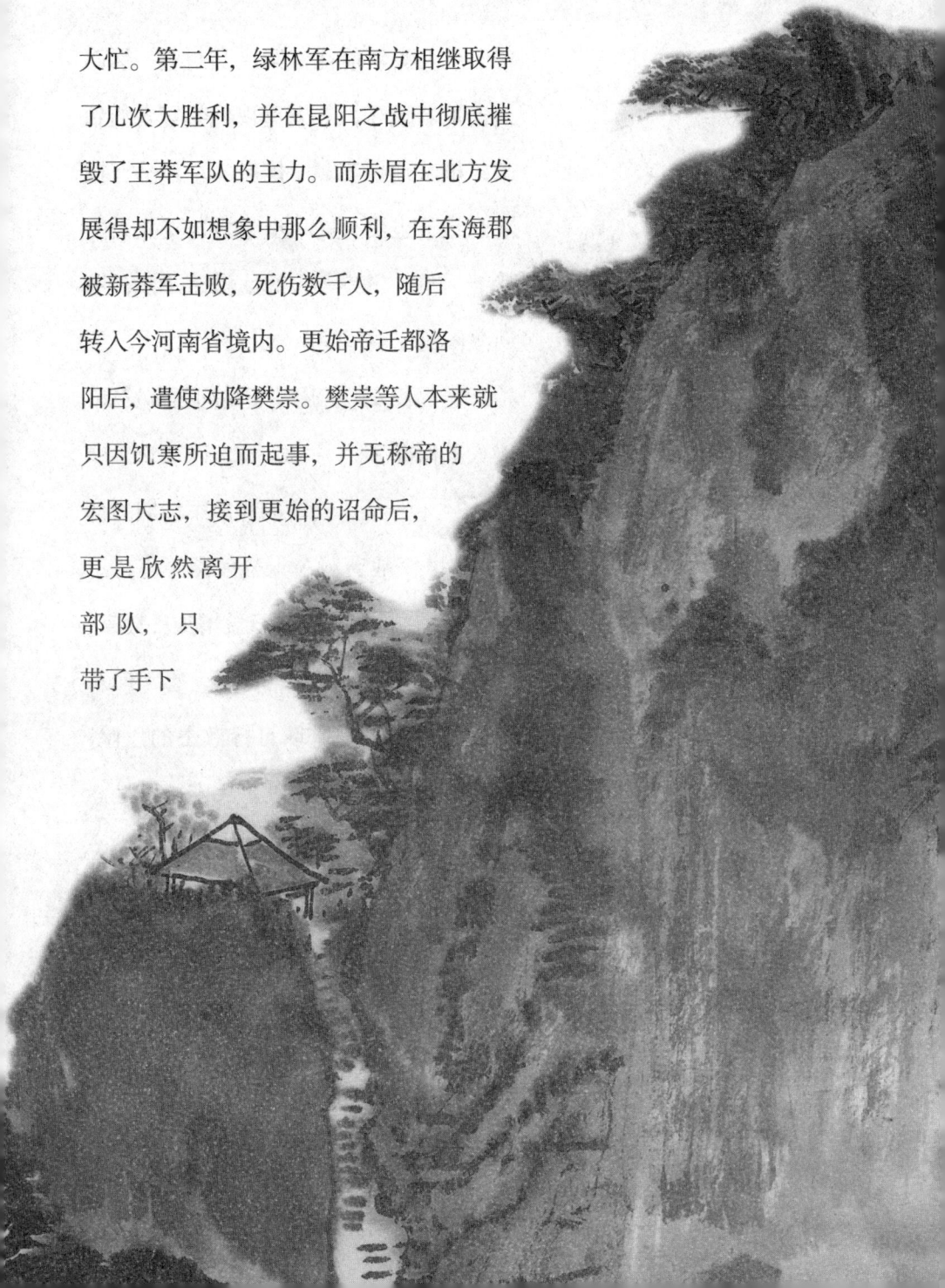

二十余名头领前往洛阳接受封赏。然而刘玄忙着玩乐，并未重视樊崇等人的到来，虽给他们都封了侯爵，但并没有授予封地，也没有进一步笼络这支强大的武装力量。樊崇等人对此深感不满，逃回濮阳的赤眉军中。公元 24 年 2 月，更始帝迁都长安，赤眉军于是向西部发展，攻入颍川郡。

此时的赤眉军长期的征战劳顿，士卒疲惫不堪，思乡厌战情绪日益增加。樊崇、徐宣等人思虑再三，感觉向东发展很可能出现部队自行散去的危险，与其如此倒不如向西攻打长安。于是赤眉军在此兵分两路，樊崇、逢安自武关入关；徐宣、谢禄、杨音由陆浑关袭占函谷入关。更始政权此时正同据有河北的刘秀

交战，虽然对赤眉的动向也有所提防警惕，但由于没有足够的重视，导致在判断上出现了严重失误。刘玄命王匡、成丹率部进入河东，防赤眉和刘秀两军从此路入关；讨难将军苏茂率军进驻弘农，阻击自函谷关西进的赤眉军。从这个布局可以看出刘玄重河东，轻函谷，战略重心在防刘秀而不在防赤眉。公元 25 年 2 月，赤眉军徐宣等部绕过驻守洛阳的更始军重兵集团，进入今河南省灵宝境内，击败更始讨难将军苏茂，与樊崇军胜利会师后联合西进。更始帝对赤眉军这一大胆的军事行动始料不及，急派丞相李松率军堵截，并命令洛阳的朱鲔率部尾追赤眉军。三月中旬，李松与赤眉军战于乡，更始军大败，数万人战死，李松更是弃军逃回长安。

七、赤眉绿林起义的意义

（一）绿林起义的文化精髓

《辞海》关于"绿林"的释义：新莽末年，王匡、王凤等聚众起义，占据绿林山，号称"绿林军"。后称聚集山林，武装反抗封建统治、诛锄恶霸土豪的好汉为"绿林"。亦用指群盗股匪。《汉语大词典》关于"绿林"的释义：指新莽末年的绿林军。后用"绿林"泛指聚集山林间的反抗官府或抢劫财物的武装集

团。《中国成语大词典》关于"绿林豪客"的释义：绿林，西汉王莽年间湖北地区饥饿的农民以王匡、王凤为首发动起义，曾经据守绿林山，故称"绿林军"。指聚集山林、反抗官府的武装力量，或指伤害人民的群盗股匪。亦作"绿林好汉"。《现代汉语词典》关于"绿林起义"的释义：西汉末年的农民大起义。公元17年，王匡、王凤在绿林山组织饥民起义，称绿林军，反对王莽政权。公元23年，起义军建立更始政权。同年在昆阳大败王莽军，乘胜西进，攻占长安，推翻了王莽政权。

此外，关于绿林历史上还出现过带褒义的词，如"绿林豪杰""绿林豪士"等，带贬义的词，如"绿林大盗""绿林强盗"等。综上释义，无外乎两条：一是肯定绿林起义，承认绿林起义的历史功绩。二是贬损绿林精神，把"绿林"称为抢劫财物的群盗股匪。前者是词条的本义，是对绿林起义的客观评价，符合历史事实；后者是反动统治者和御用文人出于统治阶级的需要对"绿林"的曲解。另外，在王莽新朝之前，"绿"字只有"lù（律）"一种读音。绿林起义时，大部分义兵都是湖北、河南人，他们号称"绿林军"，其方言读音为lù，因为这次起义的影响大，涉及面广，所到之处的民众都跟称"绿林军"。后来，这一特有的文化现象就被文字学家辑录到历代字典中，形成一字两读。

（二）绿林起义的历史贡献

绿林军推翻王莽统治，为建立东汉王朝创造了条件。汉代臧洪在《报陈琳书》中写道："光武创基，兆于绿林，卒能龙飞受命，中兴帝业。"足见绿林起义的历史价值。

　　绿林军是第一个建立全国性政权的农民起义军。公元 23 年，绿林军在淯水沙洲拥立刘玄为帝，建立了全国性政权——更始朝。这就有效地保证了人心的凝聚、谋略的实施和战果的扩大，致使他们能取得昆阳大捷，推翻王莽统治。第一次农民起义时，陈胜、吴广建立的政权"张楚"仅是局部性的。

　　绿林军首创建立农村根据地。王匡、王凤率众起义后，致力于建立一个属于自己的根据地。当时，绿林山为云杜所辖，紧临新市，属云杜边陲，新市管不着，云杜管不了，地理位置是易守难攻。公元 19 年至 21 年，他们先后占领了云杜、竟陵、安陆，控制了鄂中大片土地，建立了巩固的革命根据地。后来又建立了南阳根据地。绿林军攻打长安时，派王常、朱鲔把守南阳。

　　绿林军还首创军事屯田制。王匡、王凤率军进入绿林山，高峰时队伍发展到五万多人。要解决这些人的吃饭问题，是一个很大的难题。几年间，王匡、王凤带领队伍在绿林山十二个山头开荒造地一万多亩。绿林军开创的这种以军养军的生产方式，保证了军队能在绿林山驻扎达五年之久。时至今日，在绿林山还能看到满山遍野的"古汉梯田"遗迹。

开创以少胜多的典型战例——昆阳之战。这场大战是王凤亲自指挥的。在莽军层层包围昆阳城时，王凤制定了一系列战斗策略，如自己亲自守城，采取"假降"拖延时间，派刘秀突围搬兵，授意刘秀将伪造的"密信"故意失落被莽军看到，动摇莽军军心等等，体现了王凤

的足智多谋。史书中明确记载，昆阳之战义军主帅是王凤，其次是王常，刘秀仅是偏将军。但刘秀称帝后，篡改历史，将昆阳之战的主要功劳据为己有。

虽然绿林英雄王匡、王凤被人暗杀，但绿林起义的历史功绩是不可磨灭的。绿林起义在历史长河里虽只是一瞬间，但意义是深远的。

（三）永垂青史的绿林精神

在历时九年的绿林起义中，绿林英雄们演绎了一幅幅波澜壮阔的历史画卷，同时也折射出永垂青史的绿林精神。

尽忠报国。王莽采取卑劣的手段篡夺西汉政权，为全国百姓所不服。接踵而至的一系列"改制"，加上连年天灾，广大农民缺吃少穿，国家处在危急关头。为了挽救国家的危亡，王匡、王凤举旗起

义。在与莽军战斗取得节节胜利时，王匡完全有理由自立为帝，但他顺应"民心思汉，复兴刘氏"的历史趋势，不计较个人权位，主动拥立刘玄为帝，王匡、王凤屈就为"定国上公"和"成国上公"，体现了正统的"尽忠报国"思想。他们造的是王莽的"反"，报的是汉朝的"国"。

敢为人先。在广大饥民发生争斗时，王匡、王凤敢于出面，为饥民调解纠纷；当得知荆州牧率两万精兵前来镇压绿林军时，王匡、王凤没有被官军的阵势吓倒，而是率军主动迎击，公开与莽军叫板；在公元 22 至 23 年一系列战斗中，绿林军所向披靡，无往而不胜。实现了敢为人先、号令天下的辉煌壮举。

均富济贫。均富济贫是一切起义的共有特征。王匡、王凤家庭条件较好，主动将钱粮捐给饥民，体现出他们的无私；他们攻打"离乡聚"后，将抢夺的官粮分给饥民，挽救了大量濒临饿死的人；每攻

下一座城池，都开仓分粮，深得民众拥护和响应。所以在攻打长安时，王莽为商人杜吴所杀，出现了全民皆兵的可喜局面。

以和为贵。王匡、王凤以和为贵，用以凝聚人，团结人。他们以"和"来团结饥民，以"和"来接纳前来投奔的刘玄，以"和"来欢迎加入绿林军的刘秀，以"和"来团结赤眉军……就是这种"和"的精神，促成他们在不长的时间内，推翻了王莽统治。

自强不息。从刚开始被饥民推为渠帅，到聚集数万人驻扎绿林山；在绿林山发生流行瘟疫的紧要关头，王匡、王凤率兵果断离开绿林山；在王莽军队大兵压境时，王凤带领军民坚守昆阳半个多月；在刘玄猜疑、迫害农民领袖时，他们毅然离开，另辟他径。这都是他们自强不息的具体体现。

由绿林起义产生的绿林精神，是留给我们华

夏子孙的一笔宝贵的精神财富，她与中华民族的儒家文化息息相通，构成了绿林文化的主干。在将近两千年的漫长历史中，绿林文化被不断弘扬，先后出现了张角、窦建德、黄巢、王小波、宋江、方腊、朱元璋、李自成、张献忠、洪秀全等数十次大规模农民起义。每一次农民起义，都把历史向前大大推进一步。农民出身的朱元璋革命成功，创建了276年的明朝基业。一本《水浒传》，实际上是一本绿林文化教科书。拨开历史上方的重重迷雾，还"绿林"一片明媚的蓝天。

赤眉绿林起义推翻了新莽政权，给地主阶级以沉重的打击，使得西汉后期严重的社会危机得到暂时的缓和。但是，在新的封建统治者所布下的陷阱里，这一轰轰烈烈的农民大起义终于失败了。刘秀窃取农民战争的胜利果实，经过十年时间，先后削平地主割据势力，重建了统一的东汉封建王朝。

八、东汉王朝的统一之战

东汉王朝的统一之战，是指东汉光武帝刘秀利用新莽政权被推翻后群雄并起、中原无主的有利时机，以武力进攻为主，以政治诱降为辅，先后镇压赤眉农民军，兼并群雄的一场战争。战争的结果是刘秀夺取绿林、赤眉农民大起义的胜利果实，在血泊中重新建立起封建统治秩序。由于这场战争在客观上维护了国家的统一，有利于稳定社会秩序和恢复社会经济，所以具有一定的进步意义。战争历时多年，先后经历了平定关东、攻占关中、并陇灭蜀几个主要阶段。堪称为我国古代封建统一战争中的一个范例。

绿林、赤眉大起义推翻新莽王朝反动统治后，由于农民阶级自身的阶级和历史局限，不可能建立起自己的政权。这样，整个中国依旧陷于混战状态。然而人民渴望平息战乱，恢复安定的生活，所以统一全国，重建社会秩序也就成为历史的要求。在这种情况下，刘秀顺应历史的潮流，开始了统一全国，恢复刘家天下的战争活动。

刘秀出身于南阳豪族地主集团，政治资本雄厚，个人又具有敏锐的政治才能和丰富的军事韬略。绿林、赤眉大起义爆发后，刘秀和他的兄长刘縯一起，打着"复高祖之业"的政治旗号，在春陵（今湖北枣阳东）一带起兵，汇入农民起义

的洪流。在推翻新莽统治的斗争过程中，刘秀多有贡献，尤其在昆阳大决战中，刘秀的杰出指挥，为起义军赢得决战胜利起到了关键的作用。后来，起义军内部发生内讧，导致其兄刘縯被杀，在这危急关头，刘秀本人以其高度的政治成熟性，忍辱负重，巧与杀兄仇人相周旋，终于重新取得更始帝刘玄等人的信任，得到前赴河北（黄河以北）独当一面的机遇。这一转折，对刘秀来说具有关键意义，从此他一步步走上了逐鹿中原、并吞天下的胜利之路。

刘秀抵达黄河以北地区后，以复兴汉室为号召，不断壮大自身的势力，先后镇压了铜马、高潮、重连、尤来、大枪、五幡等农民起义军，并将农民军中的精壮收编入自己的队伍之中，扩充自己的实力。待羽翼丰满后，刘秀公开与更始政权决裂，更始三年（公元 25 年）六月，刘秀在鄗南（今河北柏乡）即皇帝位（光武帝），沿用汉的国号，并以这一年为建武元年。不久，定都洛阳，史称东汉。

刘秀称帝后，虽然基本控制了中原（今河南、河北大部和山西南部）要地，但是仍处于各种武装势力的包围之中。东有青州的张步，东海的董宪，睢阳的刘永，沪江的李宪；南有南郡的秦丰，夷陵的田戎；西有成都的公孙述，天水的隗嚣，河西的窦融，九原的卢芳；北有渔阳的彭宠。此外尚有赤眉等农民军活动于河水（黄河）南北。刘秀根据形势，采取了"先关东，后陇蜀"，即先集

中力量消灭对中原威胁最大的关东武装势力，再挥师西向的战略决策，并针对割据势力众多而分散的特点，采取由近及远、各个击破的战略方针。

建武二年（公元 26 年）春，刘秀命大将盖延率军五万进击直接威胁洛阳的刘永集团。盖延兵分两路，夹击进围刘永于睢阳（河南商丘南）。数月后城破，刘永逃奔谯县（今安徽亳县）。汉军乘胜追击，夺占沛、楚、临淮等三郡国（约今河南周口、商丘，江苏徐州，安徽阜阳、宿县地区）大部，并击破刘永部将苏茂等人所率的三万救兵。次年，刘永复据睢阳，刘秀命大司马吴汉及盖延再击刘永，围城百日，刘永粮尽突围，为部将所杀。建武五年，汉军全歼刘永余部于垂惠（今安徽蒙城），从而消灭了关东地区的最大割据势力，解除了对京师洛阳的最大威胁。

刘秀在以优势兵力进击刘永集团的

[南朝宋] 范晔撰

后汉书

中州古籍出版社

同时，也派军队进攻睢阳的邓奉和堵乡（今河南方城）的董沂。

建武三年三月，汉军岑彭部迫降董沂，击杀邓奉。尔后汉军消灭南阳刘玄余部，进击秦丰。秦丰坚守黎丘（今湖北宜城西北），被困两年始降。在这期间，占据夷陵的田戎曾率兵援救秦丰，但被岑彭击败，汉军攻占夷陵，使之成为日后西进的战略要地。

在基本平定了南方地区后，刘秀采取"北守东攻"的战略方针。在派遣耿弇、朱祐等入河北，向渔阳彭宠施加军事压力的同时，集中优势兵力进攻东方割据势力。建武五年（公元 29 年）二月，彭宠在汉军进攻面前节节败退，结果引起内部分化，部将杀死彭宠，汉军遂占领渔阳，统一了燕蓟地区。

同年六月，刘秀亲征东海郡（今山东郯城）董宪，将其大破于昌虑（今山东枣庄西），董宪退保郯（今山东郯城北）。汉军吴汉部跟踪追击，于八月攻下郯城，全歼董宪主力，董宪逃往朐（今江苏连云港南）。十月，刘秀遣大将耿弇进击张步，攻占祝阿（今济南西）、钟城（今济南南），诱杀其大将费邑，夺取了济南郡（今山东济南）、临淄（今山东淄博东北）。张步为挽回败局，倾全军二十万反攻临淄，耿弇以城为依托，诱敌开进，然后出动奇兵迂回袭击张步军，连战皆捷，张步逃至剧（今山东昌乐西），走投无路，被迫降汉。建武六年正月，吴汉破朐，击杀董宪。接着，汉军又在舒（今安徽庐江西南）消灭独据一方自立为天子的李宪。至此，汉军在短短的四年中，将关东地区各个割据势力全部铲除。

关东地区的统一，有力地巩固了东汉政权，为刘秀之后击灭隗嚣、公孙述，夺占陇、蜀，赢得统一战争的最后胜利奠定了坚实的基础。

在从事关东统一之战的同时，刘秀

也展开了镇压赤眉农民起义军的行动。

早在绿林军攻占洛阳的时候，赤眉军的势力也进入了中原地区。其首领不满于更始政权所为，另立一帜，与以绿林军为主体的更始政权相抗衡。建武元年九月，赤眉军攻入长安，推翻了更始政权。

建武二年九月，占领长安的赤眉军因粮秣不继而西出陇东寻求出路，但结果为当地割据势力隗嚣所击败，只好折回关中。他们击走乘虚盘踞在那里的邓禹军，重新控制了长安。

由于后勤保障仍未获得解决，赤眉军再度陷入饥馑，并为地方豪强武装所包围。不久，被迫放弃长安，引兵东归。刘秀为一举扑灭赤眉军，决定凭借崤函险道，以逸待劳，以饱待饥，对赤眉军实施截击。

为此，刘秀调兵遣将，改任冯异为主将，取代邓禹，急速西进，抵华阴（今

陕西华阴西）阻击赤眉军,同时命令侯进、耿弇部集结，准备会同进剿。

冯异在华阴阻击赤眉军六十余天后，于次年正月东撤至湖县（今河南灵宝西北）与邓禹部合兵。不久赤眉军进至这一带，与汉军相对峙。邓禹邀功心切，迎战赤眉军。赤眉军先佯败，后反攻，大败邓禹军，邓禹仅率二十四骑逃回宜阳。冯异率军相救，也为赤眉军所击败。冯异逃至崤底，后收集散兵和当地豪强武装数万人，与赤眉军继续交战。二月，双方大战于崤底。战前，冯异先派一部分士卒化装成赤眉军潜伏于道旁。战斗开始，冯异以少数兵力诱使对方进攻，再以主力相拒，待赤眉军攻势减弱后，突发伏兵出击。赤眉军因无法辨认敌我而阵脚大乱，溃退至崤底，八万余人投降。接着，刘秀亲率大军，与先期部署的侯进、耿弇部会合，

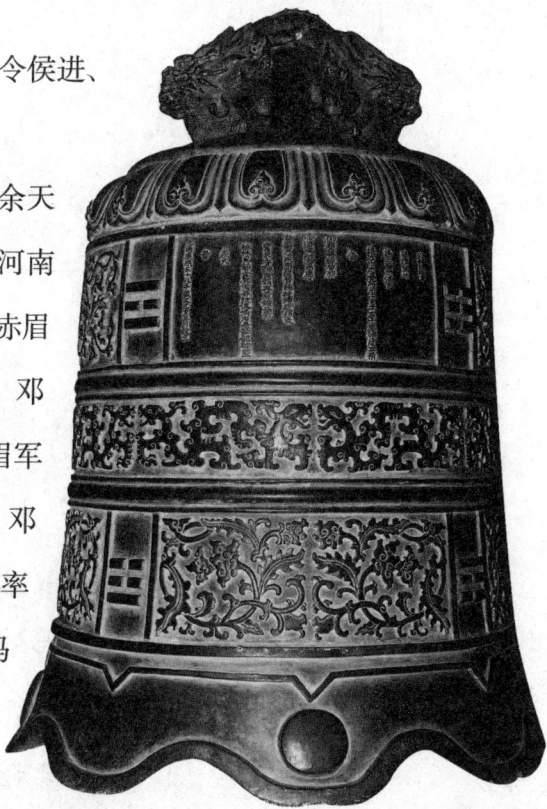

拦截折向东南的赤眉军余部于宜阳（今河南宜阳西），予以全歼，赤眉军首领樊崇等十余万人投降。至此，刘秀终于将延续十年之久的赤眉农民起义扼杀在血泊之中。

刘秀在镇压赤眉军，削平关东群雄之后，西图陇、蜀，统一全国就提到议事日程之上了。当时，窦融据有河西，隗嚣占据陇西，公孙述割据巴蜀。刘秀根据形势，制定了由近及远、稳住窦融、先陇后蜀、各个击破的战略方针，首先将兵锋指向隗嚣。

建武六年四月，刘秀正式发动伐陇之役。遣耿弇等七将分兵进攻陇坻（今陇山，陕西陇县西北），隗嚣居高临下，以逸待劳挫败汉军攻势。于是刘秀暂时转攻为守，命大司马吴汉赴长安集结兵力，以资策应。同时争取河西窦融出兵相助，使隗嚣腹背受敌，并让马援煽动隗嚣部属及羌族酋长附汉。隗嚣见处境危急，遂向公孙述称臣，联蜀抗汉。建武七年秋，隗嚣得西蜀援兵后亲率三万大军进攻安定（今甘肃镇原东南），另派一部进攻汧县（今陕西陇县北），企图夺取关中，但分别为汉军冯异、祭遵部所击败。

隗嚣的冒险出击，造成后方的空虚，为刘秀乘虚蹈隙、直捣陇西提供了机遇。建武七年春，刘秀派遣来歙率两千人出敌不备，伐木开道，迂回奔袭，占领陇西战略要地略阳（今甘肃庄浪县西南），隗嚣大惊，即遣重兵数万进击来歙，企图夺回略阳。来歙与将士顽强坚守，使隗嚣顿兵挫锐于坚城之下，有力地牵制了隗嚣的主力。刘秀把握战机，速派吴汉、岑彭、耿弇、盖延诸将分兵进击陇

山，占领高平，自己则率关东大军亲征隗嚣。所到之处，隗嚣的部队土崩瓦解，隗嚣本人败逃西城（今甘肃天水西南）。汉将吴汉、岑彭跟踪而至，兵围西城数月。隗嚣大将王元率西蜀援兵赶到，才救出隗嚣，共奔冀县（今甘肃天水西北），汉军也因粮尽撤兵。过后，隗嚣虽然重占了陇西大部，但实力已遭重创，失败乃是不可避免的事了。

建武九年正月，隗嚣在忧愤交加中病死，部下立其次子隗纯为王。刘秀采纳来歙建议，再次发兵攻打陇西。

来歙、冯异诸将领兵沿渭水西进，击破西蜀援军，进围落门（今甘肃武山东北）。至次年十月，终于攻破落门，迫

降隗纯。历时四年的陇西之战宣告结束。

陇西平定后，公孙述割据的巴蜀便成为刘秀统一大业的最后一个障碍。刘秀再接再厉，决定对公孙述用兵。他针对公孙述东依三峡、北靠巴山、据险自守的军事部署，制定了水陆并进、南北夹击、钳攻成都的作战方略。派大将岑彭、大司马吴汉率荆州诸军由长江溯江西进，命大将来歙率陇西诸军出天水，指向河池（今甘肃徽县西北），相机南进。

建武十一年（公元 35 年）春，岑彭军再克夷陵，突入江关（今四川奉节）。蜀军田戎部退出三峡，入保江州（今四川重庆）。同年六月，北路来歙军击败王元诸部，占领河池、下辨（今甘肃成县），乘胜南进。在公孙述派人暗杀了来歙的情况下，北路汉军改由马成所指挥，继续策应

南路主力的行动。

岑彭军进抵江州后，见江州城坚不宜强攻，遂留冯骏监视田戎，自率主力北上，攻占平曲（今合川西北）。汉军的进展，极大地震动了公孙述，他急调王元军南下增援，集结重兵于广汉（今四川射洪南）、资中（今四川资阳北）一带，保卫成都。又命侯丹率军两万屯守寅石（四川江津境），阻击汉军，策应王元。

岑彭根据敌情变化，也适时调整了部署，分兵两路进击蜀军。一路由臧宫率领，进据平曲上游，攻打蜀军王元、延岑部；主力则由他本人率领，取道江州，溯江西上，攻占黄石，击败侯丹军。接着，倍道兼行，疾驰一千公里，攻克武阳（今四川彭山东），并出精骑闪击蜀之腹地广都（今成都南），逼近成都。与此同时，偏师臧宫溯涪江而进，袭击蜀军，歼敌万余，迫使王元部投降，延岑败逃成都。

公孙述困兽犹斗，又派人刺杀了岑彭，使汉军暂时退出武阳，但这并未能挽救其覆灭的命运。汉军人才济济，岑彭遇害，吴汉即接替他统领伐蜀诸军。建武十二年正月，吴汉进抵南安（今四川东山），在鱼腹津（今四川东山北）大败蜀军，继而绕过武阳，攻取广都。其他各路汉军进展也很顺利，冯骏军攻占江州，臧宫军连克涪县（今四川绵阳东）、绵竹（今四川德阳北）、繁（今四川新都

西北）、郫（今四川郫县）等城。

吴汉取广都后急于求成，率两万将卒孤军深入，直抵成都城外几公里处立营。公孙述招募敢死之士，攻打吴汉。吴汉受挫，入壁坚守，闭营三日不战，夜间突然撤走，与部下刘尚会合于江南。次日晨合力大破蜀军。此后，吴汉与公孙述交兵于广都、成都间，汉军屡战屡胜。建武十二年十一月，吴汉又与臧宫会师于成都近郊。公孙述大势尽去，遂孤注一掷，于该月十七日贸然反击汉军，派延岑击臧宫，自率数万人攻吴汉。吴汉以一部迎战蜀军，待其疲惫困顿后，指挥精兵数万突然出击，大破蜀军，公孙述负重伤身亡。次晨，势穷力竭的延岑举城投降。至此，刘秀彻底平定巴蜀，取得了统一战争的最后胜利。

作为东汉王朝统一之战的最高决策

者，刘秀在战争中表现出卓越的战略应变能力和杰出的作战指挥艺术。他善于观察形势，把握战机；注意占取地利，稳固后方；重视集中兵力，由近及远，分清主次缓急，各个击破；运用军事打击和政治攻心的手段，争取盟友，分化敌对势力；重视利用人和，发现和拔擢将才，放手使用，不多掣肘，使他们充分发挥军事才能；能够适时总结经验教训，不断改进战法；善于避实击虚，奇正并用，围城打援，运动歼敌；强调连续进击，穷追猛打，不给敌人以喘息和反扑的可能。所有这一切都说明刘秀不愧为一位优秀的军事家，他芟夷群雄、一统天下，应该说是符合逻辑的归宿。